La storia

A Valeria, dolce moglie, paziente e meravigliosa

A Tommaso, piccolo cuoricino di papà

Un ringraziamento speciale all'amico fraterno Fabrizio Picci (Faber Pixel),
con il quale condivido la passione Commodore ed il progetto
Retrocommodore, per i preziosi suggerimenti e la produzione della grafica
di copertina

Indice

3

Chi sono?

Mi chiamo Carlo, medico oncologo nella vita di tutti i giorni, appassionato collezionista e cultore delle macchine prodotte dalla Commodore Business Machines LTD. Sono nato nel 1975, in provincia, ed ho vissuto il boom dell'informatica. Non si aveva a disposizione il web negli anni 80 e nei primi anni 90 quindi la prima informatica viveva del cartaceo e dei supporti magnetici per la riproduzione delle informazioni. L'edicola il punto di riferimento. Ma partiamo dall'inizio di questa storia. Avevo 13 anni quando tornando da scuola trovai una inaspettata sorpresa. Da tempo chiedevo ai miei genitori un computer e più esattamente un Commodore 64. Quel giorno lo vidi sfavillante sul lettone matrimoniale dei miei, lambito dalla luce del sole che penetrava dalla vicina finestra. In quei 64Kb di memoria (una enormità per l'epoca) spesi tantissimo tempo della mia adolescenza creando mondi fantastici che l'immaginazione condiva con quel che la grafica ed il suono non potevano esprimere. Ricordo quando a fine mese mi recavo in edicola dove tra le 5000 e le 14000 lire si poteva acquistare o la cassettina di turno o la rivista. Commodore Computer Club la mia lettura preferita che veniva consumata rapidamente ed avidamente. E poi il basic… lo scarno basic del C64 che sembrava però ai miei occhi in grado di generare meraviglie. Sino ad apprendere poi il linguaggio macchina. Come? Con l'aiuto delle famose riviste che avevano sempre uno spazio dedicato alla programmazione e grazie alla Grande Guida del Programmatore per Commodore 64. Ricordo che la acquistai alla, per l'epoca, mirabolante cifra di 51000 lire e che la tenni come una reliquia. Sfogliata in lungo ed in largo, veniva poi riposta con la massima cura. Il Commodore 64 è stata la palestra per la mia logica. Si sa, poi, la logica può essere applicata in ogni ambito dello scibile umano, non da ultimo quello medico. Mi piace pensare che il mio piccolo Commodore 64 abbia contribuito a farmi divenire quel che sono oggi e quel che svolgo nella mia professione. Come è nata dunque l'idea di uno scritto sul Commodore 65? In fondo sarebbe stato, per quel che ho delineato, più logico scrivere del Commodore 64. Ma sarebbe stato anche l'ennesimo volumetto su un tema ampiamente sviscerato ed inflazionato. Meglio a mio avviso parlare del seguito che non fu. Il Commodore 65 sarebbe dovuto essere il seguito ideale del Commodore 64 che rappresenta il computer più venduto di tutti i tempi con i suoi venti milioni di unità distribuite in tutto il mondo. Purtroppo, come leggerete, la storia non è andata così come tutti avremmo desiderato. Già, non è andata a buon fine; ma la vicenda di un computer considerato il santo Graal del collezionismo Commodore qualcuno la deve pur raccontare.

Buona lettura a tutti

Carlo e Commodore

Sabaudia – 1975

Mi chiamo Carlo e la mia avventura inizia nel 1975 quando nacqui in una piccola cittadina dell'agro pontino. Sabaudia anni '70 era un ridente assemblato urbano adagiato tra bosco, mare e lago; il borbottio delle automobili raro ed il cinguettio degli uccelli costante. Papà, militare, prestava servizio presso la scuola di artiglieria controaerei della cittadina e Mamma badava alle faccende domestiche ed alle necessità mie e di mia sorella. Sin dalla scuola primaria manifestavo una certa curiosità per le scienze e la carriera scolastica scivolava senza intoppi.

Gli anni '70 li ho vissuti per metà e soprattutto i ricordi iniziano quando ormai i medesimi volgevano al termine. Non posso dire quindi di ricordare la tecnologia di quegli anni ma senza dubbio i racconti successivi di mio papà me la hanno fatta conoscere di riflesso

Tecnico elettronico, papà riparava tutto ciò che di elettronico girava per casa; in caserma d'altro canto era colui che riparava i radar. Mi raccontava spesso del freddo e dei campi elettromagnetici che aveva subito e sopportato negli anni; soprattutto in quel periodo nel quale io non ero che nei programmi futuri ed i miei genitori vivevano nel Nord Italia.

Non mancava la domenica il classico televisore, dapprima in bianco e nero e poi a colori, sul tavolo del salone. Papà per non incorrere nelle ire della mamma stendeva un telo, ormai segnato dal tempo e dagli esperimenti di elettronica, su questo tavolo color marrone. Il televisore di turno aveva sempre numerosi problemi da risolvere. Vincenzo, di chi è il televisore oggi? Di un amico Anna; questo il consueto siparietto domenicale.

Ed io? Mi illudevo di aiutarlo nelle riparazioni ma con il senno del poi mi viene in mente che fosse solo un modo per distrarmi ed impedirmi di combinare guai.

Tra valvole dapprima e transistor poi si svolgeva la domenica sabaudiana.

Certamente la mia futura passione per l'elettronica nasce da quel periodo della mia vita.

Le scuole medie

Proseguendo negli studi iniziai a confrontarmi con il personal computer che viveva un successo dirompente negli anni '80.

L'informatica stava divenendo un fenomeno di massa. I computers che occupavano stanze intere nei decenni precedenti subirono un processo di miniaturizzazione. L'introduzione di microprocessori ad un costo relativamente basso portò l'informatica nelle case. Era il principio della globalizzazione e dell'abbattimento delle barriere dello spazio che il futuro web avrebbe consentito.

La scena informatica si popolò rapidamente di aziende che offrivano un proprio prodotto esclusivo e spessissimo incompatibile con quello delle altre aziende.

IBM, Apple, Commodore, Sinclair, Amstrad.... solo per citarne tra le più note.

E perchè qui parleremo proprio di Commodore?

Commodore Business Machines era una azienda con casa madre negli Stati Uniti che aveva un ruolo preponderante nel panorama della rivoluzione informatica partita negli anni '70 e concretizzatasi tra gli anni '80 e '90.

La diffusione dei personal computer Commodore era capillare e data la popolarità era possibile scambiare programmi ed idee tra i possessori.

Durante il terzo anno delle scuole medie finalmente per la mia Famiglia fu possibile realizzare il sogno di adolescente di possedere un computer Commodore.

L'oggetto del desiderio era il Commodore 64. Computer straordinario per l'introduzione in commercio datata 1982 e dotato di grafica ad alta risoluzione nonché sonoro invidiabili. La concorrenza difficilmente raggiungeva quell'impatto visivo a parità di costi. Un computer competitivo per prestazioni e rapporto qualità / prezzo tanto da risultare ancor oggi il più venduto di tutti i tempi. 20 milioni di Commodore 64 entrarono nelle case della utenza mondiale.

Da tempo avevo avanzato richiesta ai miei genitori per l'acquisto di un Commodore 64 ma dovemmo attendere per motivi di bilancio familiare che il prezzo divenisse più affrontabile. Quando raggiunse le 299.000 lire entrò nella nostra abitazione. Correva l'anno 1988.

Le 299.000 lire spese alla GBC (catena di rivendita per elettronica e componentistica) di Latina davano diritto ad un Commodore 64 versione C (caratterizzata da un colore avana ed una linea più snella del suo predecessore) ed un registratore a cassette modello C2N. Incluso nella confezione l'alimentatore ed il cavo RF di collegamento al TV.

Il joystick per muovere le figure animate sullo schermo? Acquistato a parte per 15000 lire.

La prima cassetta con la quale testai la nuova attrezzatura informatica era di edicola (una cassetta del publisher Logica 2000). Le edicole negli anni '80 vantavano una vasta scelta di cassette e floppy disk ripieni di software per i vari computers in commercio. Generalmente, causa le deboli leggi sul copyright, nelle cassette di edicola si trovavano con diverso nome videogiochi blasonati che si potevano trovare in apposite eleganti confezioni originali a costo ben più sostanzioso. Decurtati in genere della presentazione grafica ed audio, con poche migliaia di lire potevano essere goduti da un pubblico più vasto.

Il mio nuovo personal computer offriva una finestra sul mondo dell'immaginazione. La grafica incredibile per l'epoca vista a posteriori appare grossolana. Quel che non poteva essere definito adeguatamente sullo schermo veniva disegnato dall'immaginazione.

Il manuale di sistema del Commodore 64 divenne la mia lettura preferita. Il computer non consentiva infatti solo il gioco ma stimolava l'apprendimento dei linguaggi di programmazione; dietro ogni manifestazione sullo schermo si celavano una serie di comandi da impartire all'hardware per consentire le rappresentazioni.

Dei linguaggi possibili quello di più facile apprendimento era senza dubbio il BASIC. Il Commodore 64 era dotato della versione proprietaria 2.0 . All'accensione veniva visualizzato un cursore lampeggiante sotto la scritta "Ready". Il sistema era pronto ad accettare comandi BASIC da tradurre in output video.

Come tutti, iniziai copiando i piccoli elenchi (listati) di istruzioni che si trovavano sul manuale utente. Questa procedura consentì di fare dimestichezza con la macchina.

Il fiorire dell'informatica per le masse portò un altro fenomeno: quello delle riviste specializzate.

L'edicola nuovamente il punto di raccordo e smistamento. Generalmente con cadenza mensile nelle rivendite di giornali si trovavano le riviste per uno o l'altro dei computer che dominavano la scena. Per i computers di casa Commodore, essendo molto popolari, le riviste erano numerose.

Personalmente quando i fondi consentivano amavo acquistare Commodore Computer Club. Ricordo che spesso comperavo la rivista con papà e l'odore della carta stampata che si spandeva nella Opel Corsa classe '85 è ancora impresso nella memoria.

Commodore Computer Club recava al suo interno numerosi spunti di riflessione. Soprattutto sotto forma di listati didattici. Illustrare come si potessero eseguire delle operazioni sul computer al di là di quello che poteva essere lo scarno manuale di sistema era molto utile.

Queste riviste sono state la palestra per l'apprendimento della programmazione per numerosi coetanei.

Non mancava l'angolo dedicato alla recensione dei videogiochi e puntualmente saltava all'occhio il confronto tra la grafica dei giochi per Commodore 64 e quella del fratello maggiore Amiga.

La differenza di hardware tra i due computers era notevole ed anche il risultato a video.
Il desiderio per Amiga cresceva sempre di più.

Ghost'N'Goblins il mio videogioco preferito per Commodore 64. In generale corteggiavo tutte quelle conversioni degli arcade da sala giochi pur consapevole in cuor mio che sarei rimasto deluso dalle conversioni nella maggior parte dei casi.

L'hardware dei cabinati da sala giochi presentava delle caratteristiche nettamente superiori rispetto al piccolo 64 di casa Commodore e le conversioni dovevano essere necessariamente adattate alle risorse disponibili.

La delusione più cocente? Double Dragon di Technos Japan.

Il negozio di elettronica più vicino al liceo scientifico di Latina che frequentavo si chiamava Lert Lazio. Non il mio preferito che invece era Keybit elettronica ma il più vicino ed il più raggiungibile nel poco tempo che intercorreva tra il termine delle lezioni scolastiche e l'orario in cui dovevo salire sull'autobus che mi avrebbe riportato da Latina a Sabaudia dove vivevo.

Tutto un tratto nella vetrina comparve la conversione per Commodore 64 del videogioco Double Dragon di Melbourne House. La software house certamente aveva fatto del proprio meglio ed incomprensibilmente nonostante sulla parte posteriore della confezione di vendita fossero stampati gli screenshot della versione per Commodore 64 che descrivevano evidentemente una grafica ben diversa dall'arcade di sala giochi, le aspettative erano elevate.

Impiegai circa due mesi a mettere insieme, questuando ovunque nel parentado, la somma necessaria per l'acquisto. Si trattava di 15000 lire. Trionfante entrai nel negozio ed il commesso prelevò la scatola dalla vetrina. In un lampo misi il tutto nello zaino e mi avviai verso la fermata dell'autobus.
Impossibile descrivere con esattezza lo stato d'animo; ogni tanto aprivo i legacci che serravano l'apertura dello zaino per scrutare la confezione. Quasi scrutandola potessi penetrare i suoi segreti e godere dello scorrere delle immagini del gioco.
Arrivato a casa pranzai assai più rapidamente del solito; non mangiavo mai con lentezza quasi mi sembrasse tempo perso ma quel giorno ricordo che

fui un fulmine.

Invece di iniziare a svolgere i compiti assegnati a scuola come di consueto, dopo pranzo accesi il Commodore 64 ed iniziai il caricamento del programma.

Dopo circa 100 interminabili giri di nastro nel registratore la schermata di inizio del gioco.

Ma cos'è?? Non la fluidità di movimento dei personaggi ed il sonoro della sala giochi ma omini impacciati, sfondi poco dettagliati, sonoro ridotto all'osso.

Non credo di aver giocato più di 3 volte con quel videogioco. La consolazione era il cabinato nella sala giochi di Rosetta accanto la piazza del comune. Nulla da fare... quella conversione non era affatto riuscita. D'altro canto in quel caso i limiti hardware erano invalicabili.

Per carità... poi il Commodore 64 era una macchina meravigliosa! Spesso si restava sbalorditi dalle capacità dei programmatori di sfruttare al massimo le risorse a disposizione.

Il limite maggiore a posteriori? A mio avviso la scarsità di memoria per immagazzinare i dati. I programmatori facevano salti mortali per trovare qualche byte da occupare ovunque si trovasse; finanche nella memoria buffer del registratore a cassette.

Amiga Time

Il Commodore 64 fu la palestra per la logica e per familiarizzare con la programmazione ma il vero salto di qualità fu Amiga.

Nel 1985 Commodore aveva presentato una macchina straordinaria per caratteristiche audio – video. L'Amiga 1000 presentato nel Luglio del 1985 aveva conquistato il favore di tutti. I miei coetanei facoltosi lo avevano da tempo. Io dovetti attendere il terzo anno di liceo. Correva l'anno 1991.
Il Natale 1991 si dipanava tra alberi e lucine. La strada che conduceva da Sabaudia a Latina costeggiava numerose case rurali i cui abitanti erano soliti addobbare gli alberi in giardino per le festività.

Quel pomeriggio era speciale; dopo aver sfogliato tonnellate di pagine di riviste specializzate, analizzato innumerevoli annunci dei mercatini di compravendita, valutato ampiamente i costi, ci stavamo dirigendo verso il Centro commerciale Morbella di Latina per acquistare Commodore Amiga 500 presso il negozio di elettronica Master Get.

Cosa pensate? Avevo già guardato la vetrina di quel negozio nei mesi precedenti decine di volte! Immancabile in bella mostra l'Amiga 500 connesso al monitor Commodore 1084S che faceva scorrere sullo schermo la famosa palla colorata denominata Boing Ball.

Giunti a destinazione la scena si ripeteva... Amiga 500 con mouse tank collegato a monitor 1084S acceso. La palla colorata volteggiava sullo schermo facendo l'occhiolino ai passanti.
Entrammo.

Di fronte a me una scala in ferro che portava al piano superiore del negozio. Un corridoio laterale rispetto alla scala era colmo di accessori per Amiga. Il modello 500 faceva capolino tra gli altri oggetti.

Il commesso che rincorsi chiese cosa desideravo.

Tutto! Risposi. Era divertito.

A parte gli scherzi, dissi, un Amiga 500.

L'attesa fu legata al doverlo recuperare imballato in magazzino.

Ricordo le porte dell'ascensore che si schiusero mostrando l'imballo con il computer all'interno.

Pagammo 750000 lire ed uscimmo.

Ero felicissimo ovviamente ma non sapevo ancora della delusione che sarebbe arrivata di li a poco.

Tornato a casa aprii l'imballo. Alimentatore, mouse e...... e....... e come lo collego al televisore??

Eh no... non era come per il Commodore 64... Amiga aveva necessità per il collegamento TV di un modulatore esterno da acquistare ovviamente a parte.

Benissimo.... fatto 30 facciamo 31... ed andiamo a comperarlo! Si... quando? Era il 24 Gennaio. I negozi avrebbero riaperto i battenti giorno 27.

A Sabaudia non avevamo possibilità di acquistare un oggetto di quel tipo.

Natale trascorse accendendo e spegnendo Amiga; osservando la luce di accensione e quella del drive interno da 3 pollici e mezzo che si allineava pronto a ricevere il floppy da leggere.

Giunto finalmente il giorno 27 andai a Latina da Keybit elettronica per acquistare il modulatore TV. Amiga A520 costò 51000 lire. Una emozione ed un vanto entrare nel negozio e chiedere l'accessorio per Amiga. Sembrava di entrare in quella elite di fortunati che avevano abbandonato gli 8-bit per entrare nel fantastico mondo dei 16-bit

Comperare dei floppy originali per Amiga aveva costi proibitivi; all'epoca alcuni amici mi diedero dei floppy da provare e delle copie per me.

Il primo gioco che provai fu Shadow of the beast. Incredibile!

Una esplosione di grafica e suono. D'altro canto in Psygnosis, la software house che aveva programmato il videogame, Shadow of the beast avrebbe dovuto essere una demo per mostrare le prodigiose capacità di Amiga. Con degli accorgimenti divenne un gioco di grandissimo successo.

Anche con Amiga proseguì la curiosità per il mondo della programmazione e papà acquistò per me un testo su Amiga Basic. Sicuramente un linguaggio ben più articolato del Basic V2 del Commodore 64, estremamente potente. Pomeriggi interi trascorsi con gli amici del quartiere a giocare con Amiga.

Nel 1990 i mondiali giocati in Italia portarono un gran fermento nel mondo del videogioco di simulazione calcistica.

Il gioco in assoluto più esplorato in casa Pastore fu World Cup 90 della GENIAS (una gloria tutta italiana)

L'opzione che consentiva di giocare in due nella medesima squadra rivestiva ovviamente un grande appeal.

L'approssimarsi degli anni bui di Commodore, lo schermo nero di Amiga 500 in un triste pomeriggio del 1994 con le difficoltà nel reperire chi fosse in grado di ripristinarlo, mi spinsero all'acquisto di un assemblato x86. Il mio primo PC x86 fu un Olidata con processore 486 DX4-100.

L'acquisto del PC alla, per le mie tasche, esorbitante cifra di 3.150.000 lire non cancellò la passione per Commodore che aveva caratterizzato la mia crescita e così pian piano iniziai a recuperare e collezionare oggetti legati alla grande C.

Da allora ad oggi la passione non si è spenta e la collezione è divenuta assai nutrita annoverando anche oggetti di grande rarità come il Commodore 65. Del successore mai nato del Commodore 64, la cui storia di sviluppo mi ha sempre affascinato, vi parlerò nelle prossime pagine.

Commodore 65 – la vera storia

Correva il Dicembre 1982 quando lo sforzo produttivo della Commodore Business Machines diede vita al personal computer più venduto di tutti i tempi (oltre 20 milioni di pezzi). Il famoso "biscottone" (vedi foto) faceva l'occhiolino dalle vetrine addobbate a festa dei negozi di informatica.

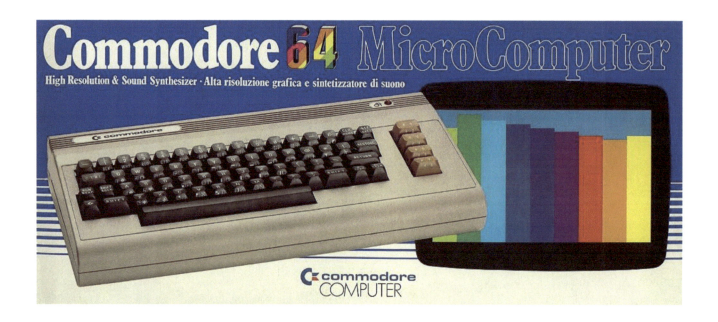

Si, perché allora il negoziante di fiducia ancora esisteva e le grandi distribuzioni non la facevano da padrone; il piccolo esercizio di quartiere interessava anche il mondo dell'elettronica. Di questo mondo ha fatto parte Antonio, oggi 80 enne, che qualche tempo fa, mi raccontava quei palpitanti momenti. Antonio era il titolare di un piccolo negozio di informatica a ridosso della ben nota (ai romani) Viale Libia. Non si faceva in tempo a tirar su la serranda quando Commodore prometteva il lancio di un nuovo prodotto sul mercato; la coda sinuosa di persone come per i più moderni telefoni cellulari o per l'ultimo grido della tecnologia si dipanava lungo la strada. Antonio prosegue a scavare nella nebbia dei ricordi rivivendo la concitazione e l'eccitazione quando il cliente stringeva tra le mani il Commodore di turno. Ricorda bene Antonio quel Dicembre di tanti anni fa. Commodore mesi prima aveva avvisato i distributori che sarebbe giunto per il Natale un nuovo computer. Strabiliante dicevano. E così fu. Il

Commodore 64 rappresentava realmente un salto in avanti prodigioso rispetto al predecessore Vic-20 che pur aveva venduto un notevole quantitativo di unità. Il primo computer a superare il milione di pezzi venduti (vedi foto).

Ed il C64? Beh... grafica ad alta risoluzione (320 x 200 pixel), modalità testo, chip sonoro dedicato, grande possibilità di espansione per la presenza di slot dedicati, memoria disponibile in buona quantità (in epoca nella quale anche 1 Kb di ram aveva un costo notevole), possibilità di animare lo schermo con immagini in movimento (sprites), prezzo di lancio competitivo (595 dollari statunitensi). Non esiste, ritengo, attività umana per la quale non sia stata progettata una applicazione su Commodore 64. Ricordo persino di aver visto il progetto di un dispositivo per seguire la crescita delle piante o per regolare l'angolo di un antenna per la ricezione delle trasmissioni televisive. Con la grande versatilità e con la possibilità di progettare applicazioni videoludiche e di lavoro, il Commodore 64 ebbe una larghissima base di programmatori dedicati e di utenti finali. Le software house a quei tempi potevano essere costituite anche da un solo elemento poiché la programmazione poteva essere svolta nelle sue varie fasi in toto dal singolo. Ogni Commodore 64, in ogni abitazione poteva essere potenzialmente impiegato per produrre software da distribuire. La larga base di utenza ed il grande interesse per lo sviluppo su quella macchina ne fece un successo clamoroso. Con buona pace di mamma Commodore che cresceva florida e rigogliosa.

La storia di questa gloriosa quanto scellerata Azienda viaggia di fatto parallela rispetto alle vendite del Commodore 64 (iniziate nel Dicembre 1982 e terminate con la cessazione di tutte le linee 8-bit nel 1993). Per molti anni il profitto ricavato dalle vendite di questo computer ha tappato le falle di bilancio derivate dalla produzione e commercializzazione di macchine improbabili che già nel loro progetto avevano il seme del fallimento. Sensato sarebbe stato, anziché tentare nel mercato degli 8-bit di stravolgere l'architettura del Commodore 64 (come si era fatto appunto nel 1984 con la serie 264 rappresentata dal Plus 4, dal Commodore 16 e dal Commodore 116 che si possono vedere nella seguente foto), immaginare una linea di continuità.

Il 1985 vide per questo il lancio di un nuovo computer , il Commodore 128 (vedi di seguito foto) , che in realtà racchiudeva tre sistemi in uno. Sulla stessa scheda madre convivevano un Commodore 128 con processore CSG 8502 (massima frequenza operativa 2 Mhz) , con il nuovo e potente basic 7.0 e 128 Kb di RAM , un Commodore 64 ed un sistema CP/M che sfruttava un processore Z80. Questa idea proveniva appunto dalle scarse vendite della serie 264 e dalle ancora ragguardevoli vendite del Commodore 64.

Sarebbe dovuto essere questo il successore del Commodore 64 ma in realtà non fu così. Le motivazioni per cui il sistema non venne mai di fatto pienamente sfruttato nelle sue caratteristiche avanzate non sono mai state ben delineate. Si può ipotizzare che un macchina con piena compatibilità hardware con il C64 e con la possibilità di essere impiegata in quella modalità, dato l'ampio parco di applicativi sviluppati per i 64Kb di casa Commodore, non destasse lo stimolo per una programmazione ex novo sfruttando il nuovo hardware. Peraltro i 2 (accattivanti) Mhz della CPU non consentivano di riprodurre grafica a quella velocità essendo il chip video VIC-II non progettato per quel clock; quindi la differenza con la grafica del Commodore 64 poteva essere rilevante solo sfruttando la maggior quantità di memoria RAM. Per non parlare della modalità CP/M, sconosciuta ai più. Eh già, occorreva pensare ad una svolta più drastica, ad un qualcosa che stimolasse la fantasia dei singoli programmatori e delle Software Houses. Occorreva un 8-bit realmente competitivo.

Ed in effetti nel 1987 si iniziò ad immaginare un nuovo progetto ad 8-bit. In quell'anno le vendite del Commodore 64 non conoscevano crisi. Parallelamente il posizionamento sul mercato della linea Commodore Amiga a 16 bit non disturbava quella che poteva essere considerata una macchina entry level, adatta a tutti, economica e con un larghissimo parco software. Ma quanto sarebbe durato questo successo alla luce anche della sempre più agguerrita concorrenza? Occorreva dare un successore possente e prestante al Commodore 64 che conservasse la possibilità, almeno parziale, di impiegare il software già scritto per il suo predecessore.

Si pensò al Commodore 65 (che, per sancire il suo legame con il Commodore 64, fu all'inizio denominato Commodore 64DX). Si, ci si pensò, ma non in verità con il vigore che si era profuso per Commodore Amiga. Un piccolo gruppo di ingegneri e tecnici venne chiamato a progettare un degno successore per il Commodore 64. Capo del progetto fu designato William Gardei, eclettico ingegnere, esperto di segnali video. La CPU venne commissionata a Victor Andrade (per meglio comprendere lo spessore del professionista appare opportuno sottolineare che diede vita alla linea K7 Athlon di AMD negli anni a seguire), il controller della memoria a Paul Lassa ed il software di sistema a Fred Bowen (considerato in Commodore il mago del software, che, peraltro, aveva già scritto il Basic 7.0 che equipaggiava il C128 e diversi altri sistemi operativi per i vari computers Commodore).

Il progetto prese vita partendo dal comprendere come si sarebbe potuto evolvere un computer che faceva delle caratteristiche audio video e di memoria il cavallo di battaglia nonché, a quel punto, la larghissima base di utenza che si era aggiudicato e che si poteva sacrificare solo in parte.

Si pensò innanzitutto a modificare il sistema operativo. Il Basic versione 2.0 del Commodore 64 obbligava nella gestione audio-video a chilometri di PEEK e POKE (istruzioni per leggere e scrivere in determinate locazioni di memoria) mancando di istruzioni specifiche per la gestione dell'hardware dedicato. Peraltro la lentezza di esecuzione dell'interprete Basic rendevano il linguaggio inutilizzabile per applicazioni commerciali e professionali. Se si voleva un linguaggio di programmazione Basic decoroso su C64 occorreva ricorrere al Simon's Basic acquistando una cartuccia esterna e sacrificando Kbs di memoria per insediare l'interprete. Il Basic per il Commodore 65 quindi venne progettato ex novo ed il suo sviluppo proseguì sino al 1991, peraltro ufficialmente non completandosi mai (se non tra le mura domestiche dell'ingegner Bowen che avrebbe completato il set di istruzioni nel Novembre 1991 dopo che il progetto era stato abbandonato da molti mesi). Dopo il Basic 7.0 per il C128 (in modalità 128) venne quindi il momento del Basic 10.0 .

Il processore principale (la CPU) sarebbe stato il CSG 4510 (nome in codice Victor), processore custom con un clock di 3.54 Mhz; derivato dal core del 4502 ne rappresentava una significativa evoluzione (conservando compatibilità con il set di istruzioni del famoso processore 6502).

La sezione video avrebbe giovato di un poderoso CSG 4567 (anche denominato Bill e VIC III) con capacità di raggiungere persino una risoluzione di 1280 x 400 pixels. Pienamente compatibile con il VIC II del Commodore 64 avrebbe rappresentato una evoluzione con linea di continuità.

La sezione audio era stata affidata a due (collaudatissimi per l'impiego nel C64 da anni) integrati sonori 8580 denominati SID (Sound Interface Device), già presenti in singolo chip nel Commodore 64 e che qui avrebbero dovuto occuparsi di suono stereo

Ulteriori chip custom (inclusa la PLA denominata ELMER nelle varie revisioni delle boards ed IGOR in alcune boards rev 2b) si occupavano del dialogo tra CPU e GPU.

Altro cambiamento di direzione rispetto al passato fu l'idea di integrare nella piastra madre la logica per il controllo delle periferiche disco (chip CSG 4165); non più quindi drive esterni "intelligenti" ma solamente poca circuiteria e meccanica gestita dal personal computer. Un drive da tre pollici e mezzo (CHINON) sarebbe stato integrato nella macchina top di fascia mentre la entry level sarebbe stata senza il drive integrato ma con la possibilità di acquistare un drive esterno anch'esso da tre pollici e mezzo siglato Commodore 1565.

La nuova macchina sarebbe stata poi dotata di una porta di espansione nella parte inferiore emulando Amiga. La trap door avrebbe potuto accogliere sino ad 8 Mb di memoria. Una enormità per la fine degli anni ottanta.

Per non perdere la larga base di utenza legata al Commodore 64 dall'ampio parco software si cercò di preservare un minimo di compatibilità. In questo modo il Commodore 65 poteva eseguire circa il 70% dei programmi che giravano su Commodore 64. Ovviamente la compatibilità al 100% non era possibile e non si era ricercata perché avrebbe tagliato le gambe alle nuove funzionalità della macchina.

All'accensione, poi, tenendo premuto il tasto con la grande C di Commodore, si poteva accedere direttamente a quella che era una emulazione software del Commodore 64 presente nelle ROM del Commodore 65. Se si fosse reso necessario invece accedervi durante una sessione di lavoro in modalità 65 si sarebbe potuto con l'istruzione Basic 10 GO64. GO64 è un comando Basic che ritroviamo anche nel Basic 7.0 del Commodore 128: un comando tristemente noto ai possessori del C128 che avendo un parco software limitatissimo nella modalità evoluta, erano spessissimo costretti a passare alla modalità 64.

Il progetto richiamava anche nel nome del prototipo il famosissimo Commodore 64; sulla PCB (scheda madre) era impresso il nome Commodore 64 DX con accanto le iniziali di tutti i partecipanti al progetto.

Alcune riviste internazionali iniziavano a paventare (ed a dubitare) riguardo l'uscita del nuovo computer Commodore; in particolare una rivista svedese dal titolo Datormagazin (numero 3 del 1988) e Zzap!64 del Dicembre 1991.

Tutto bellissimo dunque. Non proprio.

L'esiguità del gruppo di sviluppo e le iniziali difficoltà economiche in cui versava Commodore dopo il flop della serie 264, dilatarono a dismisura i tempi di sviluppo. La macchina, iniziata nel suo concepimento nel 1987, per Natale del 1990, data per la quale era stata programmata l'apparizione sul mercato, non fu pronta. Erano stati allestiti solo 205 prototipi, equipaggiati con la scheda incompleta revisione 2b, che spediti nelle varie sedi Commodore sparse per il mondo dovevano fare da postazioni test (alcuni recavano con se anche prototipo della espansione di memoria da un megabyte). Per questo, considerata ormai una realtà sorpassata quella degli 8 bit nel 1991, il progetto fu cancellato.

La chiusura, comunque, non fu una spesa irrisoria per Commodore. Anni di sviluppo, risorse impiegate per sviluppare chips custom e PCBs nonché case in materiale plastico, impoverirono ulteriormente le casse dell'azienda. In definitiva quello che si rivelava un ottimo progetto alla fine degli anni 80 era stato tramutato nell'ennesimo disastro finanziario. Una curiosità? Unico recuperato per altro impiego tra i chip custom fu la CPU (CSG 4510 R5) che venne destinata alla gestione del display del Commodore CDTV CR (la seconda versione del Commodore CDTV). Commercializzato? No, mai. Anche quello restò un prototipo.

Dopo il fallimento e la liquidazione di Commodore una azienda di informatica (Grapevine Group) acquisì lo stock contenente i prototipi del Commodore 65 (macchine con scheda madre revisione 2b) e li rivendette sul mercato. Diversi collezionisti in tutto il mondo ad oggi posseggono questi prototipi.

Chipset del Commodore 65

PCB ID	Tipo	Fabbrica	Codice	Pins	Note
U1	CPU	Commodore Semiconductor Group	CSG 4510 R3/R4/R5	42-pin SiP	R3, R4 per le revisioni da 1 a 3, R5 per le revisioni 4 e 5 di C65
U2	VIC	Commodore Semiconductor Group	CSG 4567 R5/R7/P	42-pin	R5 per le revisioni da 1 a 4 di C65, R7, P per le versioni 5 di C65
U3	PLA	Commodore Semiconductor Group	CSG 390548-01	20-pin DIP	PAL16L8 (ELMER) per le versioni di C65 1.1, 2A, 2B PAL20L8 (ELMER) per le versioni di C65 da 3 a 5 PAL16L8 (IGOR) solo per alcune schede 2b
U4	SID	MOS Technology	MOS Technology 8580 R5	28-pin DIP	L'unica revisione nota è R5
U5	SID	MOS Technology	MOS Technology 8580 R5	28-pin DIP	L'unica revisione nota è R5
U6	ROM	Commodore Semiconductor Group	CSG 390488-01/02/03	32-pin DIP	
U7	DRAM	Texas Instruments	TMS4464-10NL	18-pin DIP	
U8	DRAM	Texas Instruments	TMS4464-10NL	18-pin DIP	
U9	DRAM	Texas Instruments	TMS4464-10NL	18-pin DIP	
U10	DRAM	Texas Instruments	TMS4464-10NL	18-pin DIP	

U11	PLA	Commodore Semiconductor Group	CSG 390548-01	20-pin DIP	PAL16L8 (ELMER) per le revisioni di C65 1.1, 2A, 2B PAL20L8 (ELMER) per le revisioni di C65 3-5 PAL16L8 (IGOR) solo per alcune schede 2b
U12	Quad Multiplexor	Motorola	MC14066BCP	14-pin DIP	
U13	Quad Multiplexor	Motorola	MC14066BCP	14-pin DIP	
U14	SRAM	Sanyo	LC3517B-15	24-pin DIP	
U15	Quad 3-State Buffer	Fairchild Semiconductor	DM74LS125AN	14-pin DIP	
U16	Regolatore positivo di voltaggio	Motorola	7809CT	3-pin TO-220	
U17	DMA	Commodore Semiconductor Group	CSG 4151 (DMAgic 390957-01)	48-pin DIP	
U18	Octal Buffer and Line Driver	Texas Instruments	SN74ALS244BN	20-pin DIP	
U19	Quarzo		28.37516 quarzo	4-pin plug-in	
U20					
U21	PCA		EP4978-15		
U22	FDC	Commodore Semiconductor Group	CSG 390491-02/03V		

Caratteristiche tecniche della macchina

La **CPU** denominata **CSG 4510 (dalla revisione uno sino alla release 5)** è una versione personalizzata del **chip 4502** combinato con due schede di interfaccia complesse **MOS 6526 (CIA)**, un' interfaccia seriale **UART** e un mappatore di memoria per consentire uno spazio indirizzabile di **1MB**

Frequenza di clock a **3,54 MHz**

Un nuovo **chip grafico VIC-III** chiamato **CSG 4567** in grado di produrre 256 colori a partire da una tavolozza di 4096 colori; le modalità disponibili sono $320 \times 200 \times 256, 640 \times 200 \times 256, 640 \times 400 \times 400 \times 16, 1280 \times 200 \times 16$, e $1280 \times 400 \times 4$

Supporta tutte le modalità video di VIC-II

Modo di testo con $40/80 \times 25$ caratteri

Sincronizzabile con sorgente video esterna (genlock)

Controllore DMA integrato (chip custom **DMAgic**)

Due chip audio **CSG 8580R5 SID** che producono suono stereo

Controllo separato (sinistra/destra) per volume, filtro e modulazione

128 kB RAM, espandibile fino a **8 MB** utilizzando una porta di espansione RAM simile a quella del Commodore Amiga 500

128 kB ROM

Commodore **BASIC 10.0**

Un' unità floppy disk **DSDD da 3½"** (Chinon)

Tastiera con 77 tasti e blocco cursore direzionale a T invertita

Il case e la scheda madre

Dopo aver sommariamente illustrato le specifiche tecniche della macchina, appare opportuno approfondire analizzando le varie star che popolavano la scheda madre. Aprendo la scocca gradevole alla vista (fig. 1 e fig. 1 bis che mostrano una delle unità con cui venivano effettuati i test all'interno di Commodore. Questa unità sulla porzione inferiore del case non ha alcuna etichetta identificativa o numero seriale), facevano bella mostra di se i circuiti integrati custom (fig. 2 e 3).

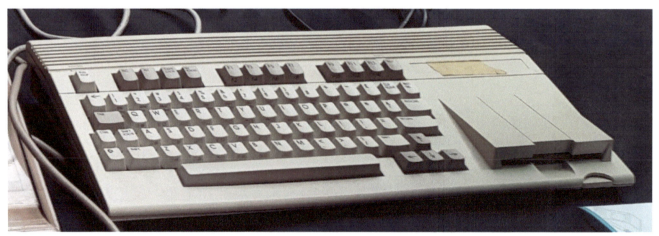

Fig. 1 Unità funzionante esposta nell'Aprile 2019 durante il Vintage Computer Festival in Roma

Fig. 1 bis Unità della precedente foto in funzione

Fig. 2

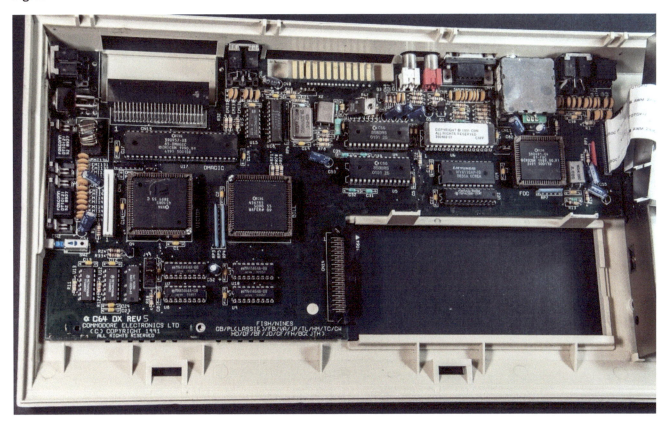

Fig. 3

Commodore 65 – principali componenti

1

2

3

4

5

6

1. CPU 4510
2. GPU 4567
3. Controller Floppy 4165
4. DMAgic
5. SID (sound interface device)
6. RAM

Victor chip – CSG 4510 – CPU – disegnato da Victor Andrade

Caratteristiche tecniche della CPU

La CPU 4510 è un microcontrollore a 8 bit realizzato in tecnologia CMOS 2 micron a doppio metallo con alta velocità e basso consumo energetico. Il circuito integrato è un dispositivo completamente statico che contiene un microprocessore avanzato 4502 (derivazione del 6502 (65CE02)), quattro timer di intervallo indipendenti a 16 bit, due clock giornalieri di 24 ore (AM/PM) con allarme programmabile per ognuno, canale I/O seriale full-duplex (UART) con generatore di baud rate programmabile, funzione di mappa della memoria integrata per indirizzare fino a 1 megabyte di memoria, due registri shift a 8 bit per I/O seriale sincrono e 27 linee di I/O singolarmente programmabili. La frequenza del clock è di 3.54 Mhz.

Bill chip – CSG 4567 – GPU – disegnato da William Gardei

Caratteristiche tecniche della GPU

La nuova unità grafica del Commodore 65 rappresenta un netto miglioramento del già performante chip grafico VIC-II del Commodore 64. Ha la capacità di riprodurre a schermo 256 colori contemporaneamente prelevati da una palette di 4096 colori. Le risoluzioni grafiche disponibili sono 320x200 (con appunto massimo 256 colori contemporanei a schermo), 640x200 (medesimo numero di colori possibili a schermo), 640x400 (limitando il numero di colori a 16), 1280x200 (sempre 16 colori a schermo), 1280x400 (con 4 colori a schermo). In modalità testo sono possibili 40 od 80 colonne per 25 righe. Sincronizzabile con una fonte video esterna, possiede un controller DMA integrato. Il clock interno può raggiungere i 3.58 Mhz.

Floppy disk controller chip – CSG4165 F011 – disegnato da Paul Lassa

Caratteristiche tecniche del controller

Il chip è una interfaccia disco MFM*. Richiede l'uso di una RAM esterna da 512 byte come buffer di cache dati. Questa interfaccia è in grado di eseguire letture e scritture su dischetti formattati MFM, nonché letture e scritture di tracce complete in formato libero. Può anche formattare i dischetti. Incorpora anche la logica per il movimento della testina di lettura-scrittura e per il movimento del motorino. L'integrato contiene la logica di controllo del lettore di floppy disk esterno (Commodore 1565). Fornisce inoltre un simulatore di indice per quei lettori che non lo posseggono in modo nativo.

---

* Modified frequency modulation (MFM) è uno schema di codifica utilizzato per codificare i dati presenti nella maggior parte dei floppy disk. È stato introdotto nel 1970 con l'hard disk IBM 3330. Hardware compatibile con questo formato si può trovare nel Commodore Amiga così come nelle macchine compatibili IBM. MFM parte da una modifica dell'originale FM utilizzato per codificare dati su floppy disk a bassa densità e i primi hard disk. A causa dello spazio minimo tra i flussi di transizione, MFM può immagazzinare dati a densità più elevata rispetto a FM. È in grado di gestire un flusso dati di 250-500 Kbit/s sui dischi standard da 5¼" and 3½". MFM era utilizzato anche nei primi hard disk prima dell'arrivo di codifiche più efficienti come RLL ed attualmente è considerato obsoleto nella tecnologia magnetica

DMAgic – CSG 4151 DMA controller – disegnato da Paul Lassa

Caratteristiche tecniche del chip

- recupero basato su un elenco delle sequenze di comandi DMA
- capacità di concatenare più sequenze di comandi DMA
- accesso diretto all'intera memoria di sistema
- blocchi di memoria lunghi sino a 64Kb
- possibilità di impiegare blocchi a finestra con la funzione modulus
- le operazioni DMAgic generano accessi al chip video (VIC) ed al DMA esterno
- le operazioni DMAgic possono in via opzionale accedere agli interrupt di sistema
- le operazioni di DMAgic che vengono interrotte possono essere riprese o cancellate
- gestione del flusso di dati per i dispositivi di input/output
- gestione indipendente della memoria per sorgente/destinazione
- gestione indipendente della direzione di trasferimento della memoria tra sorgente e destinazione
- abilitazione indipendente di modulus per sorgente e destinazione
- puntatore fisso indipendente per sorgente e destinazione

La ROM

La ROM del Commodore 65 (128 Kb di dimensione)

La ROM conteneva, tra l'altro, il codice dell'interprete del poderoso Basic 10.0 . Questa versione del Basic, ampliamento notevole del Basic 7.0 del Commodore 128, giunse a compimento solo tra le mura domestiche dell'Ing. Bowen. Le ROM fuoriuscite dopo il fallimento e la messa in liquidazione di Commodore (la prima foto di seguito è la scansione del giornale di West Chester "Daily Local News" dell'Aprile 1994 dove si parla del fallimento di Commodore) contengono versioni parziali dell'interprete; difatti per alcuni comandi, non esistendo la corrispondente routine in linguaggio macchina per l'esecuzione, l'interprete restituisce a schermo la formula "Unimplemented command error". Di seguito le scansioni provenienti dal manuale preliminare di sistema (copia originale della divisione Commodore di Francoforte come attesta il timbro su una delle scansioni) con l'elenco dei comandi previsti per il Basic 10.0 e le relative peculiarità delle singole istruzioni

DAILY LOCAL NEWS

SATURDAY, April 30, 1994

Chester County's No. 1 Newspaper

50 Cents

Mostly cloudy
with some rain.
High 76, Low 54.
Details B8

**Duncan sparks
Phils over
Giants – B1**

**SCCL title goes
to Oxford's
Huntington – B4**

Bingo
Lucky numbers inside!

Commodore fades into business history

From staff and wire reports

WEST GOSHEN — Commodore International Ltd, a pioneer and once a dominant force in the personal computer industry, said late Friday that it is going out of business.

The company last month reported an $8.2 million loss for the quarter ending Dec. 31 on sales of $70.1 million. A year earlier, Commodore lost $77.2 million in the same period.

In the latest report, Commodore said financial limits had thwarted

its ability to supply products, leading to weakened sales. One of its new products, the Amiga CD32 video game, had sold poorly in Europe, where the company did most of its business.

The company's net worth turned negative in the fiscal year ending June 30, 1993.

Its stock, which had traded at around $3 per share before the last month, closed unchanged at 87 ½ cents per share on the New York Stock Exchange Friday.

derly voluntary liquidation of both companies," Commodore said in a brief statement.

Company executives could not be reached for comment Friday evening.

Commodore started 40 years ago as a typewriter repair company in the Bronx, N.Y. Its extension to the adding machine business paved the way for it to make calculators and then personal computers by the mid-1970s.

Commodore competed with Radio Shack for the first computers sold to homes, and co-founder Jack Tramiel became a highly regarded figure in the fledgling personal-computer industry.

By the early 1980s, Apple Computer Inc. and International Busi-

ness Machines Corp. overshadowed Commodore in the PC business. Software manufacturers didn't create as much software for Commodore's Amiga line as it did for Apple and IBM-compatible machines.

In recent years, most of Commodore's business was in Europe, but earnings there and in Asian and Australian markets began to suffer.

Because of the company's deteriorating financial condition, it began to cut its staff, which in 1990

totaled about 600 manufacturing, administrative, engineering, sales and warehousing jobs.

But by July 1993, the staff was cut to between 40 and 60 at its 585,000-square-foot West Goshen headquarters.

A month earlier, Commodore dismissed 80 employees, including 29 engineers.

Meanwhile, repeated reports of the company's demise began to surface.

Commodore had technically de-

See COMMODORE, Page A5

Fliers accuse faculty of sexual harassment

**By SONDRA ROBERTO
Staff Writer**

WEST CHESTER — Fliers accusing nine professors of being "Reputed Sexual Harassers" were posted on the West Chester University campus and sparked debate and rumors about misconduct among faculty.

Administrators and police scoured the campus to remove the lists a day after the fliers were found posted on bulletin boards, classroom walls and in womens restrooms.

"I think it was devastating to say the least," said Michael Montemuro, president of the faculty union.

"There were people's names on the list who have not even had a hint in any way shape or form of sexually harassing conduct," Administrators and faculty members ex-

pressed outrage that the accusers distributed the fliers instead of filing official complaints about the professors, who are all men.

Sexual harassment complaints are directed toward the university office of affirmative action, which investigates and may hold hearings about alleged misconduct.

Montemuro confirmed that a formal sexual-harassment complaint has been filed against at least one professor named on the list.

In recent years, two or three faculty members have been reprimanded after hearings on sexual harassment charges. Montemuro said.

The fliers appeared on April 12 in Main Hall, Recitation Hall and in the Lawrence Dining Center. They were taken down within 24 hours. The Quad, West Chester University's student newspaper, ran a front-page story April 19 announcing. "Sexual harassment accusations

slander teachers."

University president Madeleine Wing Adler issued a statement to students calling the fliers a "completely unacceptable manner to address concerns about the issue."

And, since the incident, opinion pages of The Quad have been filled with letters and editorials about sexual harassment.

"It's a real bold act for someone to take, but at the same time this institution has not yet effectively dealt with sexual harassment," said one staff member who asked not to be identified.

"There are faculty who are chronically leaning on students for relationships."

The fliers are a hot topic of conversation among students.

"I had one of the professors and I don't think he was a sexual harasser," said sophomore

See WCU, Page A5

Lincoln honors alumnus, African leader

3.1.2 ALPHABETICAL LIST OF COMMANDS, FUNCTIONS, and OPERATORS

```
*                  Token = AC           multiplication
+                  Token = AA           addition
-                  Token = AB           subtraction
/                  Token = AD           division
<                  Token = B3           less-than
=                  Token = B2           equal
>                  Token = B1           greater-than
^                  Token = AE           exponentiation

(PI)               Token = FF           return value of PI

ABS                Token = B6           absolute function
AND                Token = AF           logical AND operator
APPEND             Token = FE,0E        append file
ASC                Token = C6           string to PETSCII function
ATN                Token = C1           trigometric arctangent function
AUTO               Token = DC           auto line numbering
BACKGROUND         Token = FE,3B        background color
BACKUP             Token = F6           backup diskette
BANK               Token = FE,02        memory bank selection
BEGIN              Token = FE,18        start logical program block
BEND               Token = FE,19        end logical program block
BLOAD              Token = FE,11        binary load file from diskette
BOOT               Token = FE,1B        load & run ML, or BASIC autoboot
BORDER             Token = FE,3C        border color
BOX                Token = E1           draw graphic box
BSAVE              Token = FE,10        binary save to disk file
BUMP               Token = CE,03        sprite collision function
BVERIFY            Token = FE,28        verify memory to binary file
CATALOG            Token = FE,0C        disk directory
CHANGE             Token = FE,2C        edit program
CHAR               Token = E0           display characters on screen
CHR$               Token = C7           PETSCII to string finction
CIRCLE             Token = E2           draw graphic circle
CLOSE              Token = A0           close channel or file
CLR                Token = 9C           clear BASIC variables, etc.
CMD                Token = 9D           set output channel
COLLECT            Token = F3           validate diskette (chkdsk)
COLLISION          Token = FE,17        enable BASIC event
COLOR              Token = E7           set screen colors
CONCAT             Token = FE,13        concatenate two disk files
CONT               Token = 9A           continue BASIC program execution
COPY               Token = F4           copy a disk file
COS                Token = BE           trigometric cosine function
CUT                Token = E4           cut graphic area
DATA               Token = 83           pre-define BASIC program data
DCLEAR             Token = FE,15        mild reset of disk drive
DCLOSE             Token = FE,0F        close disk channel or file
DEC                Token = D1           decimal function
DEF                Token = 96           define user function
DELETE             Token = F7           delete BASIC lines or disk file
DIM                Token = 86           dimension BASIC array
DIR                Token = EE           disk directory
DISK               Token = FE,40        send disk special command
```

```
DLOAD          Token = F0          load BASIC program from disk
DMA            Token = FE,1F       define & execute DMA command
DMA            Token = FE,21       "
DMA            Token = FE,23       "
DMODE          Token = FE,35       set graphic draw mode
DO             Token = EB          start BASIC loop
DOPEN          Token = FE,0D       open channel to disk file
DPAT           Token = FE,36       set graphic draw pattern
DSAVE          Token = EF          save BASIC program to disk
DVERIFY        Token = FE,14       verify BASIC memory to file
ELLIPSE        Token = FE,30       draw graphic ellipse
ELSE           Token = D5          if/then/else clause
END            Token = 80          end of BASIC program
ENVELOPE       Token = FE,0A       define musical instrument
ERASE          Token = FE,2A       delete disk file
ERR$           Token = D3          BASIC error function
EXIT           Token = ED          exit BASIC loop
EXP            Token = BD          exponentiation function
FAST           Token = FE,25       set system speed to maximum
FILTER         Token = FE,03       set audio filter parameters
FIND           Token = FE,2B       hunt for string in BASIC program
FN             Token = A5          define user function
FOR            Token = 81          start BASIC for/next loop
FOREGROUND     Token = FE,39       set foreground color
FRE            Token = B8          available memory function
GCOPY          Token = FE,32       graphic copy
GENLOCK        Token = FE,38       set video sync mode
GET            Token = A1          receive a byte of input
GO             Token = CB          program branch
GOSUB          Token = 8D          program subroutine call
GOTO           Token = 89          program branch
GRAPHIC        Token = DE          set graphic mode
HEADER         Token = F1          format a diskette
HELP           Token = EA          display BASIC line causing error
HEX$           Token = D2          return hexidecimal string function
HIGHLIGHT      Token = FE,3D       set highlight color
IF             Token = 8B          if/then/else conditional
INPUT          Token = 85          recieve input data from keyboard
INPUT#         Token = 84          recieve input data from channel (file)
INSTR          Token = D4          locate a string within a string
INT            Token = B5          integer function
JOY            Token = CF          joystick position function
KEY            Token = F9          define or display function key
LEFT$          Token = C8          leftmost substring function
LEN            Token = C3          length of string function
LET            Token = 88          variable assignment
LINE           Token = E5          draw graphic line, input line
LIST           Token = 9B          list BASIC program
LOAD           Token = 93          load program from disk
LOCATE         Token = E6                  (currently unimplemented)
LOG            Token = BC          natural log function
LOOP           Token = EC          end of do/loop
LPEN           Token = CE,04       lightpen position function
MID$           Token = CA          substring function
MONITOR        Token = FA          enter ML Monitor mode
MOUSE          Token = FE,3E       set mouse parameters
MOVSPR         Token = FE,06       set sprite position and speed
NEW            Token = A2          clear BASIC program area
```

41

```
NEXT          Token = 82           end of for-next loop
NOT           Token = A8           logical complement function
OFF           Token = FE,24                (subcommand)
ON            Token = 91           multiple branch or subcommand
OPEN          Token = 9F           open I/O channel
OR            Token = B0           logical or function
PAINT         Token = DF           graphic flood-fill
PALETTE       Token = FE,34        set palette color
PASTE         Token = E3           draw graphic area from cut buffer
PEEK          Token = C2           return memory byte function
PEN           Token = FE,33        set graphic pen color
PIC           Token = FE,37        graphic subcommand
PLAY          Token = FE,04        play musical notes from string
POINTER       Token = CE,0a        address of string var function
POKE          Token = 97           change memory byte
POLYGON       Token = FE,2F        draw graphic pologon
POS           Token = B9           text cursor position function
POT           Token = CE,02        return paddle position
PRINT         Token = 99           display data on text screen
PRINT#        Token = 98           send data to channel (file)
PUDEF         Token = DD           define print-using symbols
QUIT          Token = FE,1E               (currently unimplemented)
RCLR          Token = CD                  (currently unimplemented)
RDOT          Token = D0                  (currently unimplemented)
READ          Token = 87           read program pre-defined program data
RECORD        Token = FE,12        set Relative disk file record pointer
REM           Token = 8F           BASIC program comment
RENAME        Token = F5           rename disk file
RENUMBER      Token = F8           renumber BASIC program lines
RESTORE       Token = 8C           set DATA pointer, subcommand
RESUME        Token = D6           resume BASIC program after trap
RETURN        Token = 8E           end of subroutine call
RGR           Token = CC                  (currently unimplemented)
RIGHT$        Token = C9           rightmost substring function
RMOUSE        Token = FE,3F        read mouse position
RND           Token = BB           pseudo random number function
RREG          Token = FE,09        return processor registers after SYS
RSPCOLOR      Token = CE,07        return sprite color function
RSPPOS        Token = CE,05        return sprite position function
RSPRITE       Token = CE,06        return sprite parameter function
RUN           Token = 8A           run BASIC program from memory or disk
RWINDOW       Token = CE,09        return text window parameter function
SAVE          Token = 94           save BASIC program to disk
SCALE         Token = E9                  (currently unimplemented)
SCNCLR        Token = E8           erase text or graphic display
SCRATCH       Token = F2           delete disk file
SCREEN        Token = FE,2E        set parameters or open graphic screen
SET           Token = FE,2D        set system parameter, subcommand
SGN           Token = B4           return sign of number function
SIN           Token = BF           trigometric sine function
SLEEP         Token = FE,0B        pause BASIC program for time period
SLOW          Token = FE,26        set system speed to minimum
SOUND         Token = DA           perform sound effects
SPC           Token = A6           skip spaces in printed output
SPRCOLOR      Token = FE,08        set multicolor sprite colors
SPRDEF        Token = FE,1D               (currently unimplemented)
SPRITE        Token = FE,07        set sprite parameters
SPRSAV        Token = FE,16        set or copy sprite definition
```

```
SQR             Token = BA          square root function
STEP            Token = A9          for-next step increment
STOP            Token = 90          halt BASIC program
STR$            Token = C4          string representation of number function
SYS             Token = 9E          call ML routine
TAB(            Token = A3          tab position in printed output
TAN             Token = C0          trigometric tangent function
TEMPO           Token = FE,05       set tempo (speed) of music play
THEN            Token = A7          if/then/else clause
TO              Token = A4                  (subcommand)
TRAP            Token = D7          define BASIC error handler
TROFF           Token = D9          BASIC trace mode disable
TRON            Token = D8          BASIC trace mode enable
TYPE            Token = FE,27       display sequential disk file
UNTIL           Token = FC          do/loop conditional
USING           Token = FB          define print output format
USR             Token = B7          call user ML function
VAL             Token = C5          numeric value of a string function
VERIFY          Token = 95          compare memory to disk file
VIEWPORT        Token = FE,31               (currently unimplemented)
VOL             Token = DB          set audio volume
WAIT            Token = 92          pause program pending memory condition
WHILE           Token = FD          do/loop contitional
WIDTH           Token = FE,1C               (currently unimplemented)
WINDOW          Token = FE,1A       set text screen display window
XOR             Token = CE,08       logical xor function
```

```
         CCCC      666    555555
        C    C     6      5
        C          6      5
        C          6      55555
        C          66666  5     5
        C          6   6        5
        C          6   6        5
        C    C     6   6  5     5
         CCCC      6666    5555
```

This system specification contains the contributions of several people
including: Fred Bowen, Paul Lassa, Bill Gardei, and Victor Andrade.

COMMODORE
BÜROMASCHINEN GMBH
Lyonerstraße 38
6000 Frankfurt/Main 71

Audio – SID CSG 8580

Caratteristiche tecniche del chip audio

- tre canali audio indipendenti e programmabili, con un suono a 8 ottave e un limite da 16 a 4000 Hz
- quattro diverse onde per gli oscillatori audio (dente di sega, triangolare, quadra, rumore pseudocasuale)
- tre filtri sonori
- sincronizzazione degli oscillatori
- due convertitori a 8 bit dall'analogico al digitale (utilizzato per i controller da gioco)
- input audio esterno

Porte esterne del Commodore 65

Porta di espansione per cartucce a 50 pin

Porta Utente e parallela a 24 pin

Porta composita audio/video (DIN 8 pin)

Porta analogica video RGB (DB9) (interfaccia Genlock)

Jack per il video RF

Porta per il bus seriale (per la connessione di lettori floppy per Commodore 64 e stampanti)

Porta Mini DIN per il drive esclusivo C65 denominato 1565

Due porte joystick (DB9)

Jack per audio stereo (di colore bianco e rosso)

Porta per espansione di memoria RAM (Amiga style)

La memoria RAM

1

Il Commodore 65 aveva 128 Kb di memoria standard (foto 1) espandibili sino ad 8 Mb. L'espansione di memoria (foto 2) si sarebbe dovuta posizionare in un connettore al quale si poteva accedere aprendo uno sportello posto nella parte sottostante del computer (come la trap door di Amiga).

2

Disk drive esterno – Commodore 1565

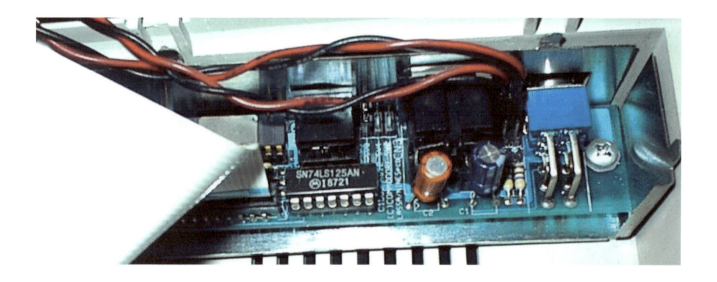

Si tratta di una unità esterna con poca elettronica e meccanica. Non compatibile con le periferiche degli altri computer Commodore 8 bit poiché dotato di un connettore dedicato

Foto e curiosità

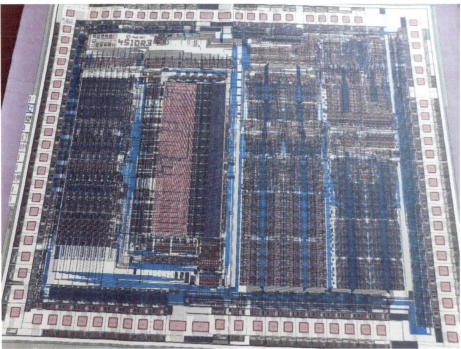

Disegno originale del processore 4510 R3 (cortesia di Sandy Fisher)

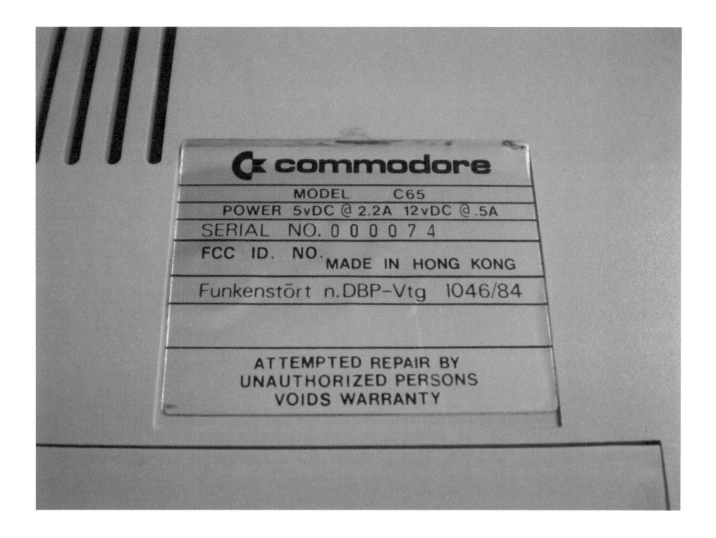

Alcuni Commodore 65 avevano già l'identificativo con le caratteristiche ed il seriale. Le etichette per la parte superiore del case recante la scritta "Commodore 65" non furono invece mai prodotte. In alcune versioni prototipali possiamo però trovare l'etichetta per la parte superiore del case che reca la scritta "Commodore 64DX", nome iniziale del computer che si trasformò in corso d'opera in Commodore 65

Schema elettrico di una delle prime revisioni della pcb di Commodore 65 (rev 1)

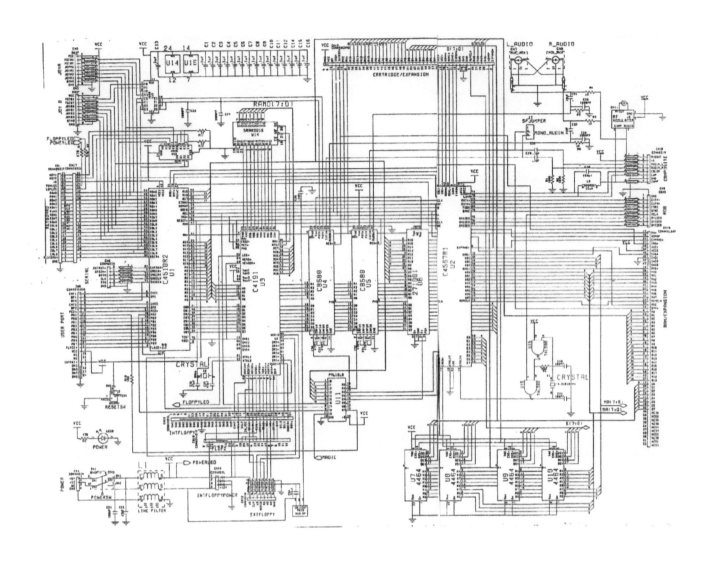

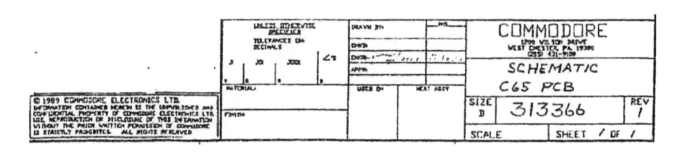

Schema elettrico del Commodore 65 (board revisione 2b)

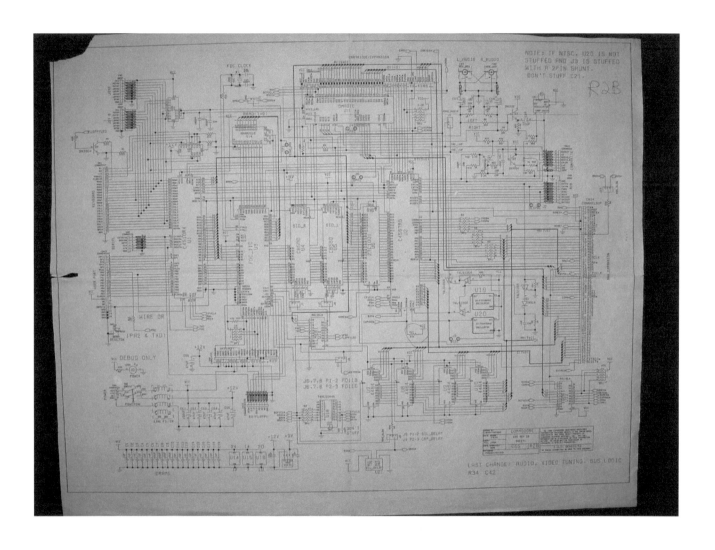

Widget board: adattatore per cartucce che avrebbe consentito di impiegare con il Commodore 65 le cartucce del Commodore 64 (ovviamente quelle con programmi compatibili)

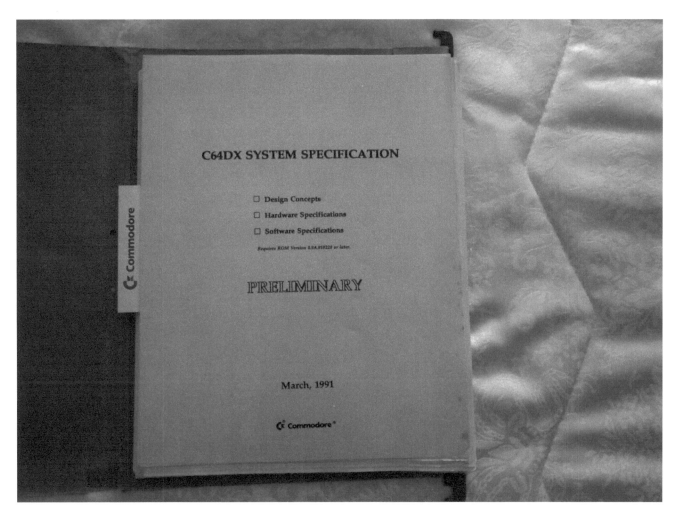

Un manuale preliminare originale riguardante le caratteristiche tecniche del Commodore 64DX (Commodore 65). In particolare una disamina dettagliata del nuovissimo e potentissimo Basic 10

Your C64DX Prototype Package should include the following items:

1.   C64DX computer
2.   C64DX power supply
3.   9-pin D to 9-pin D (PC-style) Monitor cable (fits 1084S-P1/D1)
4.   C64DX Demo Disk #2
5.   C64DX SYSTEM SPECIFICATION (Wrapped in sanitary green band)
6.   C64DX SYSTEM_SPEC_UPDATE_1

Follow these instructions to hook up your C64DX System:

1.   Place the computer on a flat surface, within reach of a
        Power Outlet. Turn OFF all power switches on the computer and
        monitor before attempting to connect the Cables.

2.   The computer requires an RGB Amiga-style Monitor. We recommend
        the Commodore Model 1084S-P1 or 1084S-D1, which has a 9-pin D
        connector on the back of the unit. To connect the video cable,
        insert the 9-pin D connector into the port labeled RGB VIDEO on
        the back of the C64DX computer. Then insert the other end of
        the cable into the port labeled RGB on the back of the 1084S.

        The 1084S must then be set to RGB mode using the switches on the
        back of the monitor. Set the ANALOG/TTL switch to analog mode.
        Set the CVBS/RGB switch to RGB mode.

3.   To connect the power supply, insert the 4-pin circular DIN connector
        on the power cable into the port labeled POWER on the left side of
        the C64DX computer. Then insert the other end of the power cable
        into a wall outlet.

4.   Insert the C64DX DEMO DISK #2 into the Floppy drive. Turn ON the
        1084S Monitor. Now turn ON the C64DX computer, and the DEMO will
        automatically LOAD and RUN. Loading messages will appear on the
        screen, and the system will display several graphics pictures.
        ADDITIONAL graphics will be shown if a RAM EXPANDER is installed.

        The DEMO can be stopped by pressing the STOP key. It can be re-run
        by typing "BOOT", or by pressing the RESET button on the left side
        of the computer, as long as the DEMO DISK is still inserted in the
        Floppy Drive.

IF YOU HAVE ANY PROBLEMS OR QUESTIONS, PLEASE CONTACT COMMODORE ENGINEERING
IN WEST CHESTER, PA, USA.   attn: PAUL LASSA, GREG BERLIN, JEFF PORTER.

PLEASE NOTE: THIS C64DX COMPUTER IS A PRE-PRODUCTION ENGINEERING PROTOTYPE.

        Design and Testing is not yet completed, and as such, the unit may
        experience problems after being run for extended periods of time.
        Normal operation can be restored by pressing the RESET button, or
        allowing the unit to cool with the power OFF.

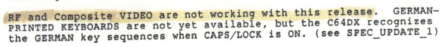

        RF and Composite VIDEO are not working with this release. GERMAN-
        PRINTED KEYBOARDS are not yet available, but the C64DX recognizes
        the GERMAN key sequences when CAPS/LOCK is ON. (see SPEC_UPDATE_1)

Quando il Commodore 65 venne inviato in versione prototipo presso le sedi di test giunse accompagnato dalla lettera in foto. Praticamente le istruzioni per installarlo. Si raccomanda l'impiego di un monitor Commodore 1084s-D1; questo monitor è infatti dotato di ingresso RGB a 9 poli. Indispensabile questa connessione per visualizzare video a colori poiché in questo stadio prototipale il computer non ha le uscite video composito ed RF funzionanti

```
+----------------------------------------------------------------------+
|            C64DX  PROBLEM  REPORT          | Date                    |
+--------------------------------------------+-------------------------+
| Please complete this form as completely as possible and mail or      |
| express it to:                                                       |
|                                                                      |
|    Commodore Business Machines, Inc.    Telephone:  215-431-9427     |
|    1200 Wilson Drive                     Fax:        215-431-9156     |
|    West Chester, PA    19380             Email:      fred@cbmvax.commodore.com |
|                                                                      |
|              Attention:  Fred Bowen, Engineering                     |
+----------------------------------------------------------------------+
| Company Name                                                         |
+----------------------------------------------------------------------+
| Company Address                                                      |
|                                                                      |
|                                                                      |
|                                                                      |
|                                                                      |
+--------------------------------------------+-------------------------+
| Your Name                                  | Your Phone              |
+--------------------------------------------+-------------------------+
| Your system                                                          |
|                                                                      |
|   Serial No._____  PCB rev_____  Software ver_____ ROM Cksum_____ |
|                                                                      |
|   4510 rev_____    4567 rev_____ F011(DOS)_____  F018(DMA)_____ |
|                                                                      |
| Peripherals:                                                         |
+--------------------------------------------+-------------------------+
| Your problem        | Explain problem here and show how to cause it.  |
|                     | Attach sample program.                         |
|   ____ C64 mode     |                                                |
|                     |                                                |
|   ____ C64DX mode   |                                                |
|                     |                                                |
|   ____ Hardware     |                                                |
|                     |                                                |
|   ____ Software     |                                                |
|                     |                                                |
|   ____ Mechanical   |                                                |
|                     |                                                |
|   ____ Documentation|                                                |
|                     |                                                |
|   ____ Compatibility|                                                |
|                     | It happens: ___ all the time ___ frequently ___ occasionally |
+---------------------+--------------------------------------------------+
| In your opinion, how bad is the problem?      ____ Must fix, no workaround |
|                                               ____ I can work around it    |
| ____ Check here if you need to be contacted   ____ Minor problem           |
+----------------------------------------------------------------------+
| Please leave this space blank                                        |
|                                                                      |
|                                                                      |
|                                                                      |
| Number        Received         Contacted         Completed           |
+----------------------------------------------------------------------+
```

Inoltre questo altro foglio in foto richiedeva di prender nota dei difetti di funzionamento da comunicare alla casa madre

Uno dei rari Commodore 65 dotato di quella che avrebbe dovuto essere la confezione per la vendita

Uno dei miei Commodore 65. Una curiosità è la scritta sulla destra impressa sul nastro adesivo ingiallito. In cinese è scritto "Non correggere" . Cosa non si sarebbe dovuto correggere? Probabilmente non lo sapremo mai

In alto a sinistra si può vedere l'alimentatore del Commodore 65. Un alimentatore del Commodore 64 modificato nelle tensioni di uscita. Gli alimentatori furono prodotti in serie; dopo la dismissione del progetto del computer vennero riutilizzati per alimentare Amiga CD32

Prototipo di alimentatore per Commodore 65

Come si evince dalla foto si tratta di un alimentatore per Commodore 64
"adattato" nelle tensioni in uscita per le nuove esigenze. Dove era scritto
"For C64 only" è stata rimossa la scritta C64 ed è stato incollato un adesivo
recante la scritta C65. Ugualmente dove si leggono le tensioni in uscita. Se
confrontate con quelle del C64 risultano totalmente differenti (5 V – 1.7 A
e 9 V – 1 A)

Tastiera di ricambio per Commodore 65. Notare che manca ancora della grafica sui tasti che sarebbe dovuta variare a seconda del paese di vendita del computer

Revisione 1.1 di scheda madre Commodore 65. Esemplare di proprietà di Bo Zimmermann (sua cortesia la foto)

```
RESTORE270:FORI=DEC("D030")TODEC("D04F"):READX$:POKEI,DEC(X
:
TRAP430 :S=0: M=0: D=360: POKEDEC("D020"),0
ASM=DEC("1880")
DO :FORB=4TO15: X=FRE(1)
  : POKEV(M),B(M):SYSASM,0,B:POKEV(M),T(M)
    FORI=0TOD :NEXT: GETA$
    IFA$=" "THENGETKEYA$
    IFA$="B"ORA$="U"THENM=ASC(A$)AND1
    IFA$="+"ORA$="-"THEND=D+VAL(A$+"10"):IFD<0THEND=0
NEXT:PRINT"";:LOOP

POKEV(0),T(0):POKEV(1),T(1)
POKEDEC("D031"),DEC("E0"):POKEDEC("D020"),6:SYSDEC("E027")
TRAP:END
:
DATA KINGTUT,GORILLA,CITY1,IRIS,PAINTCAN,DREAMHOUSE
DATA REDPORSCHE,SPACESHIP,WAIF,VENUS,BUNNY,PLANETS2

ADY.

DADING KINGTUT
DADING GORILLA
```

Schermata esemplificativa di programmazione in basic 10.0 (dal demo disk originale per Commodore 65). Il demo disk aveva una porzione visualizzabile con i 128 Kb di memoria standard di cui era dotato il C65 onboard ed una porzione unicamente visualizzabile con espansione di memoria da 1 Megabyte

Le capacità grafiche del Commodore 65 risultano assai superiori rispetto al suo predecessore Commodore 64. Sorprendente è anche la facilità con la quale è possibile accedere alle schermate grafiche mediante i potenti comandi del Basic 10.0. L'esempio che segue disegna su uno schermo grafico 320x200 una semplice animazione con comandi grafici. Un cerchio di colore rosso si muove da sinistra verso destra sullo schermo.

```
10 GRAPHIC CLR
20 SCREEN DEF 0,0,0,2
30 SCREEN OPEN 0
40 PALETTE 0,1,10,0,0
50 SCREEN SET 0,0
60 SCNCLR 0
70 FOR I= 0 TO 100
80 PEN 0,1
90 CIRCLE 160+I,100,5
100 PEN 0,0
110 CIRCLE 160+I,100,5
120 NEXT I
```

Ricordate lo sprite-mongolfiera del manuale utente del Commodore 64?

Di seguito la riproposizione in formato Commodore 65 in basic 10.0

```
10 SCNCLR
20 FOR N=0 TO 62: READ Q: POKE DEC("640")+N,Q: NEXT
30 SPRITE 2,1,5: REM mongolfiera viola
40 FOR X= 0 TO 200
50 MOVSPR 2,24+X,50+X
60 NEXT X
70 GOTO 40
80 DATA 0,127,0,1,255,192,3,255,224,3,231,224
90 DATA 7,217,240,7,223,240,7,217,240,3,231,224
100 DATA 3,255,224,3,255,224,2,255,160,1,127,64
110 DATA 1,62,64,0,15,128,0,156,128,0,73,0,0,73,0
120 DATA 0,62,0,0,62,0,0,62,0,0,28,0
```

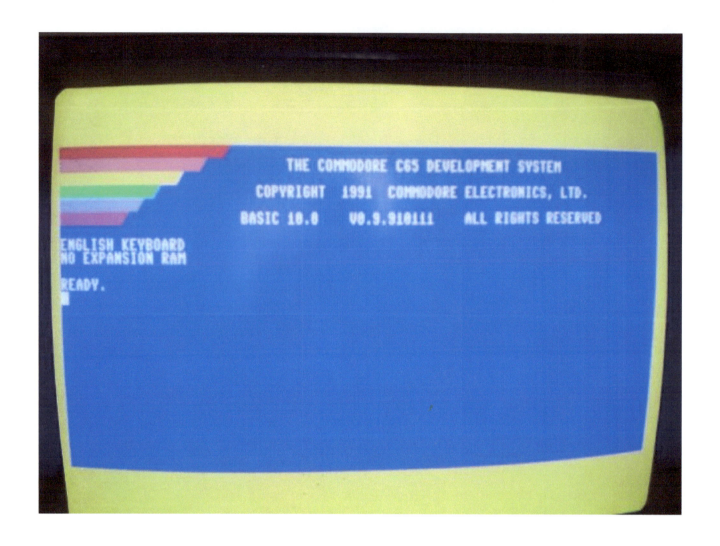

La ROM come si può notare dalla schermata iniziale è la V0.9.910111. Questa schermata è riprodotta su monitor Commodore 1084s D2 tramite uscita RGB 9 poli del C65.

La SYS 65372 lancia la diagnostica di avvio, cioè le routine che verificano la presenza di periferiche collegate, la versione ROM, la presenza eventuale di espansioni di memoria.

Altra SYS interessante è quella che consente lo switch tra la modalità a 40 colonne e quella ad 80: SYS 65381

Un esperimento ben riuscito: CPU 4510 R5 e GPU 4567P rese compatibili con una scheda rev. 2b

Questa bella storia di amicizia e caparbietà inizia quando anni fa acquistai su un noto sito di aste online una scheda di Commodore 65 revisione 2b per gran parte non popolata (vedi foto). Mi aggiudicai la scheda per 499 dollari statunitensi. Veniva descritta come ovviamente non funzionante ad unico scopo collezionistico.

Mi venne in mente: e se trovo i chips mancanti perché non dovrebbe funzionare? La componentistica discreta appariva in ottima condizione e la piastra madre senza piste logore od interrotte. Mancavano componenti molto importanti e rari. In particolare: la CPU 4510, la GPU 4567, DMAgic, la RAM, la ROM, uno dei due SID, la tastiera originale. In modo rocambolesco, in giro per il mondo, recuperai tutto il necessario. Emozionatissimo provai a dare la scossa per l'accensione. Nulla. Schermo nero. La cortesia di Fred Bowen mi consentì di ottenere lo schema elettrico del Commodore 65 rev. B e del Commodore 65 rev 5 (ossia l'ultima revisione nota, quella prossima alla versione definitiva che si sarebbe dovuta commercializzare). Ecco risolto il mistero!! Il chip 4510 (Victor) nella sua revisione 5 non era compatibile con il chip video 4567 (Bill) nella sua revisione P. Per poter funzionare la scheda 2b avrebbe dovuto montare un chip 4510 nella sua revisione 3 o 4 ed un chip video 4567 nella sua revisione

R. Cosa cambiava tra i vari chips? Il pin-out. La disposizione dei piedini di contatto con la scheda della CPU 4510 R5 andava adattata per poter essere ospitato sulla rev 2b e per essere compatibile con la GPU revisione P. Qui subentra l'amicizia con Giorgio Guagnini e Sebastiano Lomuscio. Esperti di elettronica hanno reso possibile l'adattamento. In particolare Giorgio ha costruito un adattatore con pin-out modificato per il chip 4510. Entrambi hanno programmato con le immagini disponibili in rete una serie di EPROM AMD da 128 kb per il sistema di controllo della scheda ed il sistema operativo (Basic 10.0). Assemblato il tutto, ecco la fatidica schermata di presentazione del Commodore 65 development system!! Cosa mancava ora? Una piccola modifica alla scheda per pulire il segnale del chip video (Giorgio individuò la necessità di una ulteriore resistenza su una linea di comunicazione del 4567) e l'adattamento di un lettore floppy da tre pollici e mezzo per poter essere impiegato con il Commodore 65. Non disponendo di un lettore floppy originale per C65 Giorgio costruì un adattatore per poter impiegare un comune lettore floppy per PC. Una meravigliosa avventura per un risultato eccezionale.

Nel 2019 il piccolo "Frankenstein" ritorna nel limbo del non funzionare. Ecco che reinterviene "papà" Giorgio! Una pista sulla motherboard si era ossidata, una resistenza ed il flat di collegamento tastiera logorati. Pochi sapienti tocchi e "Frankenstein" anche questa volta è tornato a vivere.

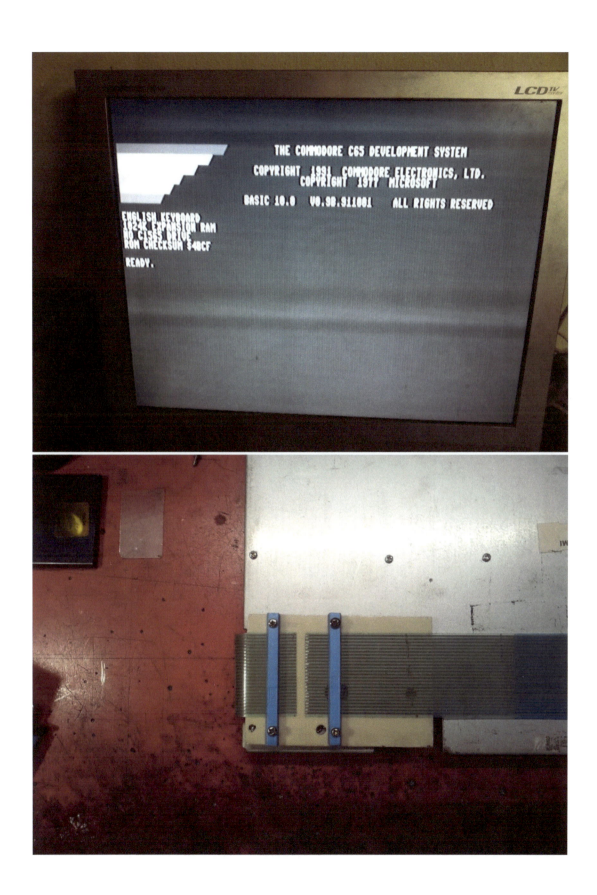

Output video del C65 ripristinato nel laboratorio di Giorgio e foto della riparazione del flat tastiera

Scheda madre di Commodore 65 rev. 2b con CPU e GPU compatibili tra di loro. Nello specifico CSG 4510 R3 e CSG 4567 R5

Scheda madre di Commodore 65 rev. 5 con CPU e GPU compatibili tra di loro. Nello specifico CSG 4510 R5 e CSG 4567 P

Adattatore per la CPU 4510 R5 al fine di renderlo compatibile con la scheda madre rev. 2b

Dettaglio della CPU 4510 R5 adagiata sulla scheda madre rev. 2b grazie ad idoneo adattatore

Dettaglio di adattatore artigianale costruito per rendere compatibile un comune floppy per PC con il Commodore 65

Ulteriore dettaglio di adattatore artigianale costruito per rendere compatibile un comune floppy per PC con il Commodore 65

Commodore 65 con scheda madre 2b, processore 4510 R5 e processore video 4567 P perfettamente funzionante. Degno di nota l'adattatore per render compatibile il chip 4510 R5 con la scheda madre revisione 2b e quello che rende possibile impiegare un comune lettore floppy per PC sul Commodore 65

Il Commodore 65 nel 2019

Lo sviluppo del Commodore 65 terminò nel 1991 ad un passo dalla commercializzazione. La revisione 5 della scheda madre si poteva considerare quasi definitiva. Lo stesso Basic 10.0 fu completato comunque dopo la cessazione del progetto. Il progetto assai intrigante ha superato la barriera degli anni. Soprattutto in questi ultimi, con il risalto che ha dato alla macchina la vendita sul web a cifre importanti dei pochi prototipi disponibili, alcuni gruppi autonomi hanno pensato di riesumare il progetto e provare a dare un seguito. Il gruppo in fase più avanzata di sviluppo di una versione moderna del Commodore 65 è quello dei ragazzi di Mega65. Mega 65 dovrebbe essere un PC perfettamente compatibile con il Commodore 65 alloggiato in un case molto simile a quello pensato da Commodore. Ovviamente con CPU assai più performante del CSG 4510 e GPU capace di risoluzioni superiori rispetto al VIC-III (CSG 4567) e dotato di porta ethernet, HDMI, Super VGA. Vedremo a breve il risultato di questi sforzi poiché il progetto è in fase avanzata di realizzazione (per ulteriori informazioni è peraltro possibile visitare il sito web www.mega65.org)

Revisione 1 della scheda Mega 65

A seguire foto dei prototipi pre-produzione di Mega 65

Inoltre un Mega 65 che esegue un videogame

Intanto, recentemente, è apparsa sul web anche una espansione moderna da un megabyte di RAM per il vecchio Commodore 65. Un progetto molto interessante ma chiaramente assai limitato dal numero ridotto di prototipi di Commodore 65 disponibili che se ne possono giovare.

Espansione di memoria moderna per Commodore 65. Un megabyte di RAM

Espansione di memoria moderna per Commodore 65. Un megabyte di RAM (altra foto di un altro esemplare)

Commodore 65: oggetto raro e costoso

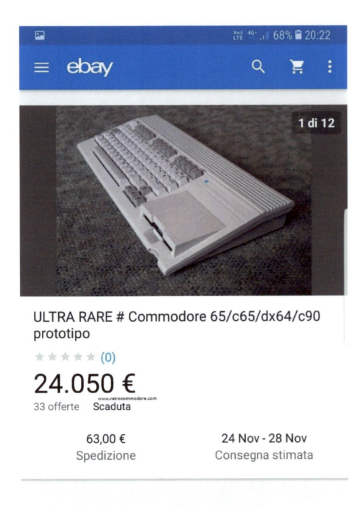

ULTRA RARE # Commodore 65/c65/dx64/c90 prototipo

★ ★ ★ ★ ★ (0)

24.050 €

33 offerte   Scaduta

| 63,00 € | 24 Nov - 28 Nov |
| Spedizione | Consegna stimata |

Informazioni su questo oggetto

Condizione	Usato
Herstellergarantie	Sonstiges: Siehe Artikelbeschreibung
Modell	C65
Marke	Commodore
Herstellernummer	SERIAL NO. 000097

Commodore 65 venduto in asta nel Novembre 2017. Unità funzionante. Senza espansione di memoria.

ULTRA RARE Commodore 65 + RAM-Espansione/c65/dx64/c90 Prototype, working!

81.450 €

62 offerte   Scaduta

39,00 €	16 Nov - 21 Nov
Spedizione	Consegna stimata

Informazioni su questo oggetto

Condizione	Usato
Marke	Commodore
Modell	Commodore 65
Categoria	Computer, Tablets & Netzwerk > Computer-Klassiker > Computer-Klassiker
Numero oggetto	322853882595

Commodore 65 venduto in asta nel Novembre 2017. Funzionante ma con espansione di memoria

Considerazioni conclusive

Commodore sviluppò macchine meravigliose e spesso in anticipo con i tempi (come il CDTV) ma fu anche protagonista di grandi insuccessi. Purtroppo la somma degli insuccessi uniti ad una incauta dirigenza hanno determinato la fine di un colosso che aveva tutte le caratteristiche di competenza tecnica per sopravvivere sino ai nostri giorni. Che dire del Commodore 65? Il bello che non fu. Una macchina dotata di un processore a 3.54 Mhz, di due chip audio per suono stereo di grande spessore tecnico come il SID (sound interface device), di un processore grafico avanzato (VIC III) capace di risoluzioni video anche superiori a quelle della gamma Commodore Amiga (piccolo aneddoto vuole che lo stesso Dave Haynie mentre sviluppava Amiga 3000 fosse stato criticato dalla dirigenza per essere stato superato nella gestione delle risoluzioni video dal chip del Commodore 65), di una tecnologia floppy avanzata per l'epoca storica, di una ottima quantità di memoria RAM meritava miglior destino. Se vogliamo ipotizzare, analizzando il rilascio nel 1990 del Commodore 64GS (console (in foto) con il medesimo hardware del C64 ed alcune modifiche minori),

potremmo obiettare che si sarebbe potuta commercializzare una console con l'hardware del Commodore 65. Non avrebbe affatto a mio avviso sfigurato ed avrebbe avuto senza dubbio un impatto maggiore sul pubblico. Altra pecca nel progetto di sviluppo del Commodore 65 è stata la durata eccessiva della realizzazione. Nel 1991 ancora il prodotto si trovava nello stadio finale della fase prototipale. In un epoca in cui gli 8-bit erano all'inesorabile tramonto sarebbe stato più sensato sviluppare un computer a 16 bit conservando le buone caratteristiche dell'idea C65 in se. Il progetto Commodore 65 non è comunque morto del tutto come ho sottolineato nelle pagine precedenti e tutti gli appassionati della vecchia Commodore sperano di vedere il compimento del prodotto.

Commodore 65: galleria fotografica

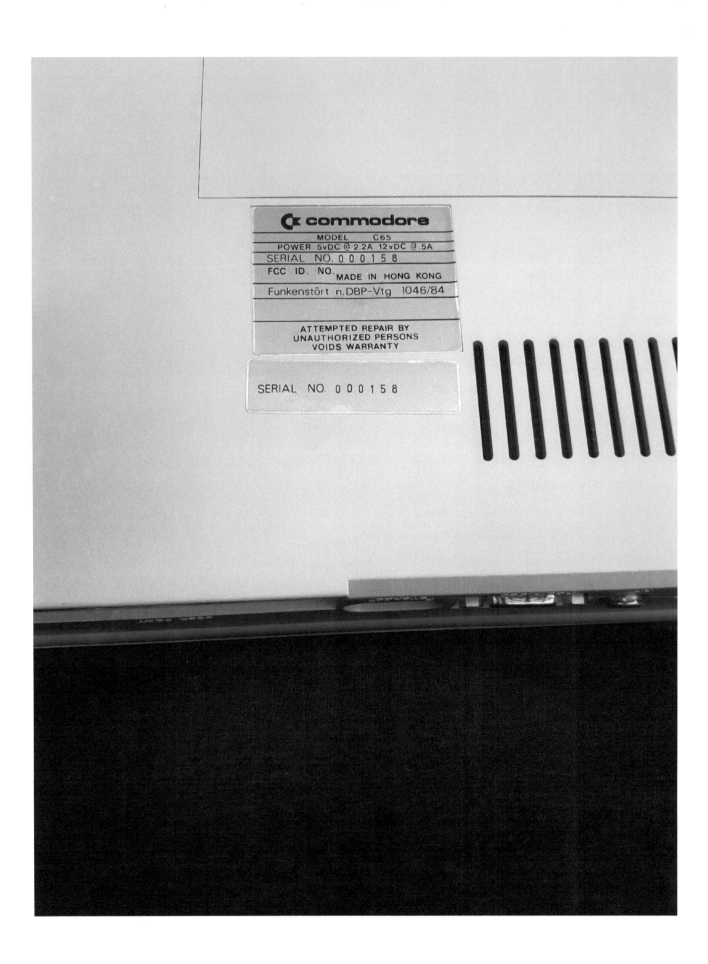

91

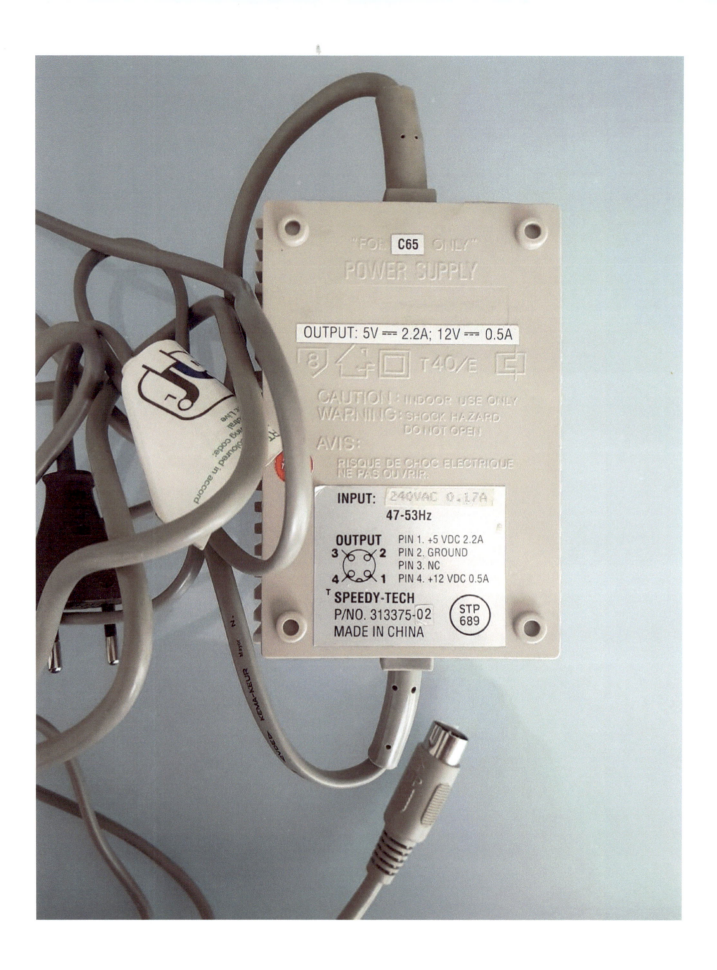

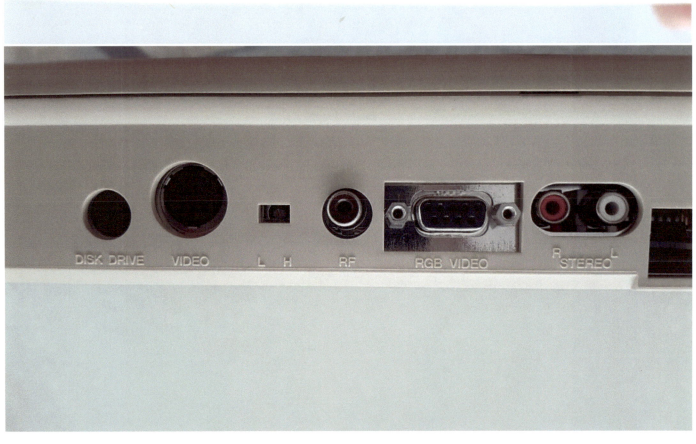

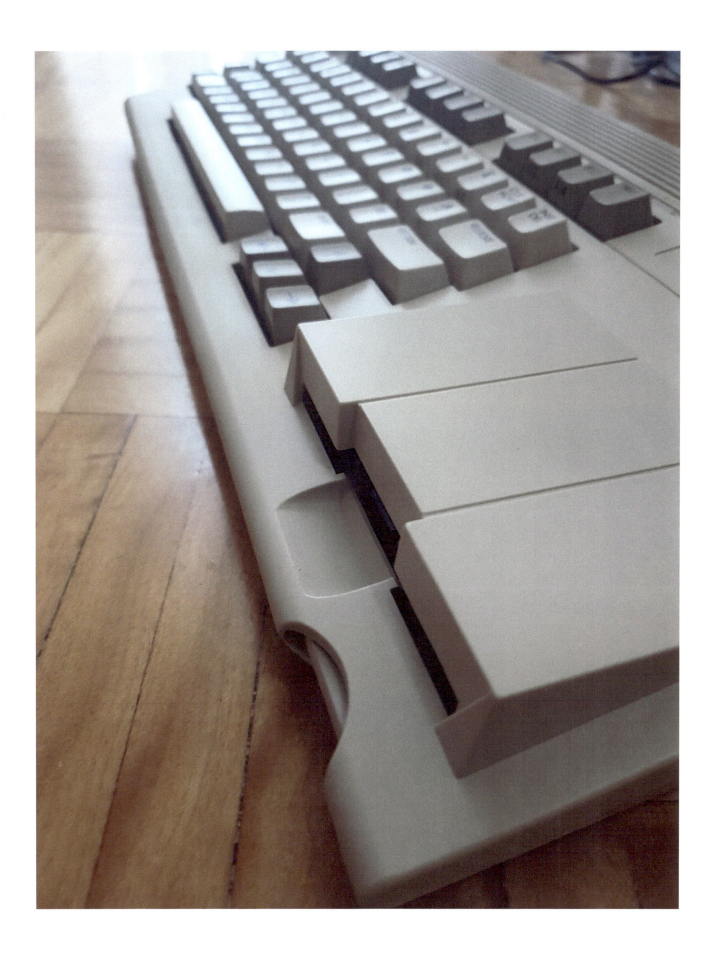

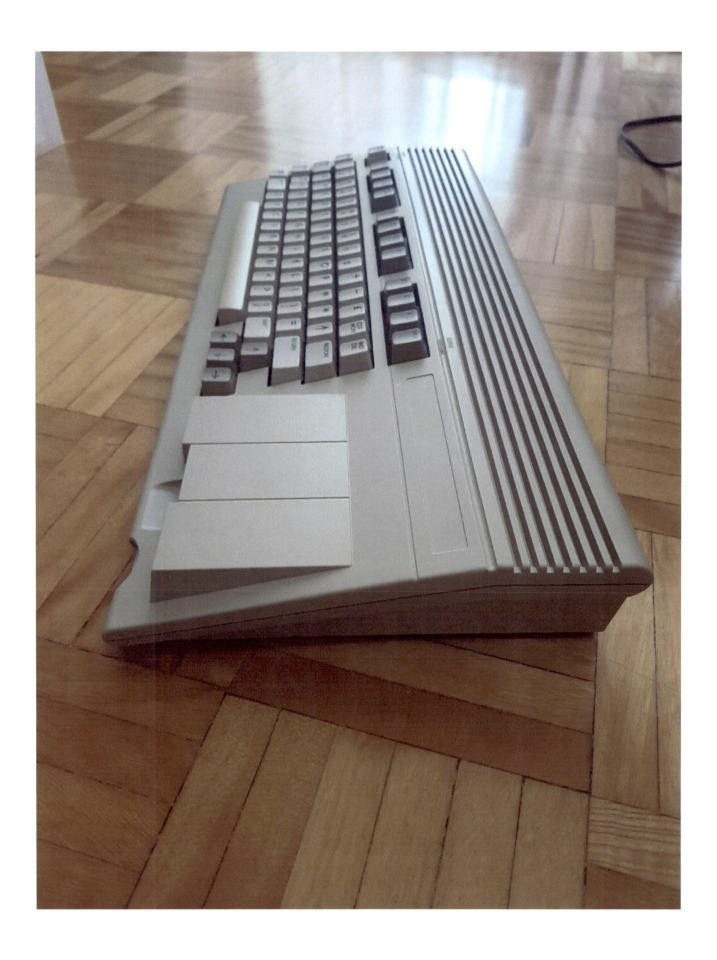

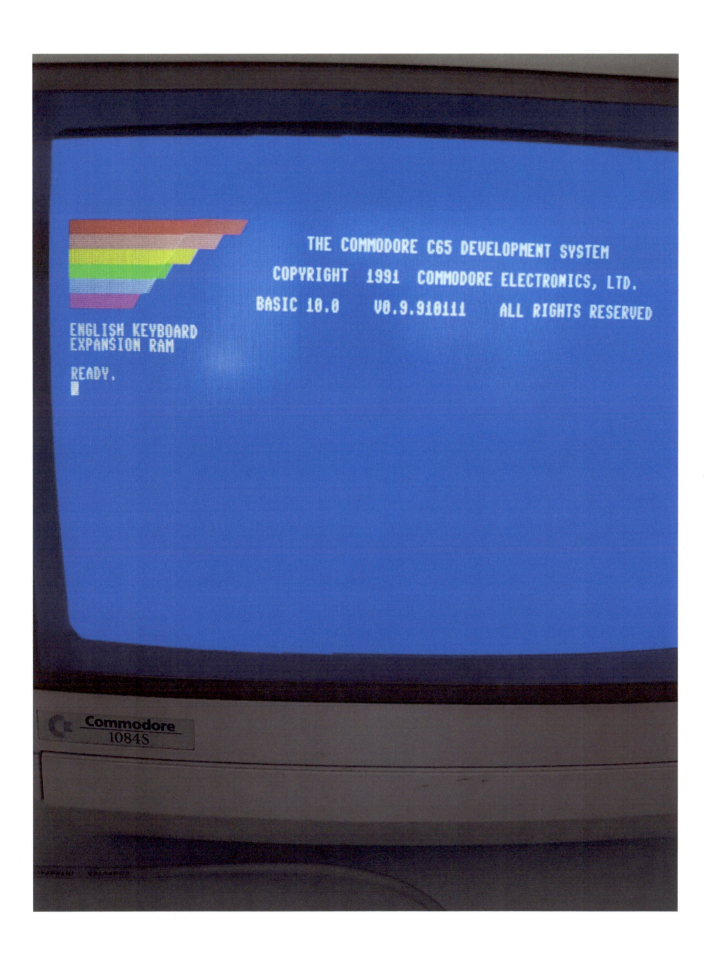

ENGLISH KEYBOARD
EXPANSION RAM

READY.

THE COMMODORE C65 DEVELOPMENT SYSTEM
COPYRIGHT 1991 COMMODORE ELECTRONICS, LTD.
BASIC 10.0   V0.9.910111   ALL RIGHTS RESERVED

Commodore
1084S

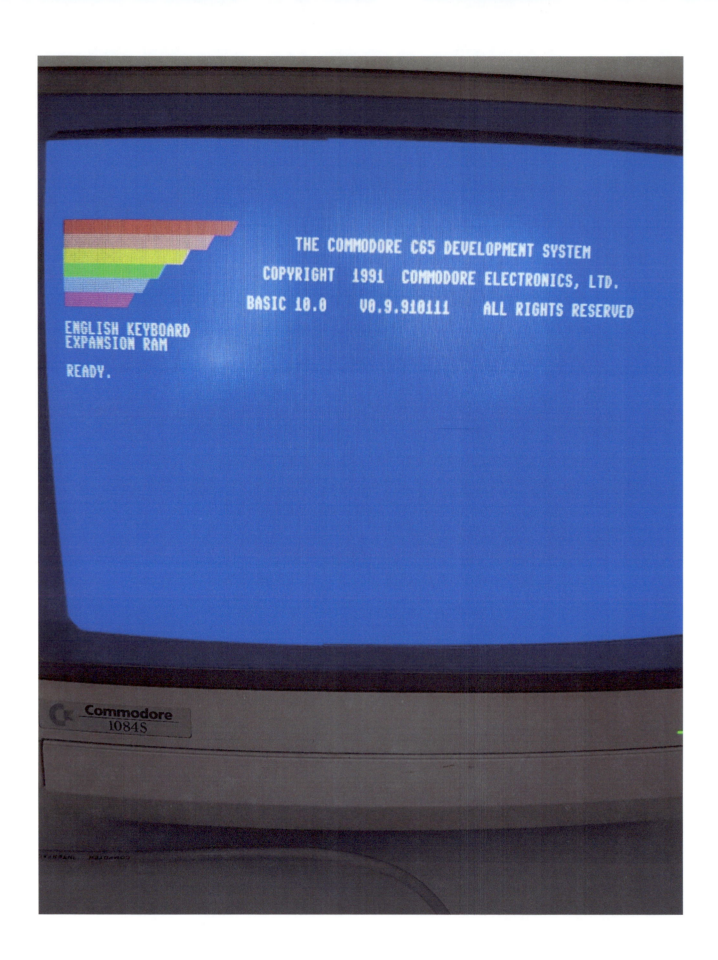

THE COMMODORE C65 DEVELOPMENT SYSTEM

COPYRIGHT 1991 COMMODORE ELECTRONICS, LTD.

BASIC 10.0   V0.9.910111   ALL RIGHTS RESERVED

ENGLISH KEYBOARD
NO EXPANSION RAM

READY.
10 POKE53295,165:POKE53295,150
20 POKE53248+120,0:INPUT "$00",A$
30 POKE53248+120,32:INPUT "$20",A$
40 POKE53248+120,64:INPUT "$40",A$
50 POKE53248+120,96:INPUT "$60",A$

Fonti bibliografiche:

https://it.wikipedia.org/wiki/Commodore_65

www.zimmers.net

www.retrocommodore.com

www.mega65.org

www.google.com

www.commodore65.it

Documentazione inedita originale Commodore in mio possesso

E ringraziamenti a Fred Bowen, William Gardei, Sandy Fisher